KB273583

꿋꿋한 말

너에게 들려주는 꿋꿋한 말

너에게 들려주는

꿋꿋한 말

김중원 지음

퍼스트펭귄

우리에게 필요한 모든 것은
이미 우리 안에 있습니다

여러분, 안녕하세요. 『너에게 들려주는 단단한 말』을 읽고 참 많은 10대 독자의 메일과 DM, 그리고 메시지를 받았습니다. 대부분 "책을 읽고 말로 표현할 수 없을 정도로 큰 힘을 얻었다"라는 감사 인사였어요. 그런데 저는 오히려 여러분에게 감사하고 싶어요.

혹시 세상에서 가장 깨우기 힘든 사람이 누군지 아세

요? 힘이 센 친구? 부모님? 모두 아닙니다. 정답은 바로 잠 자는 척을 하는 사람이죠. 맞아요, 일어날 의지가 없는 사람 은 깨울 수 없어요. 그게 바로 제가 여러분께 고마운 마음 을 전하는 이유입니다. 제 글이 여러분에게 큰 힘을 준 게 아니라, 여러분 스스로가 자신에게 큰 힘을 준 것이에요. 가 장 중요한 건 시작하겠다는 의지이니까요.

하지만 이 지점에서 저는 이런 생각을 했어요. '스스로 시작했다는 건 참 위대한 일이지만, 중간에 이런저런 시련 을 겪으며 혹시 포기하면 어쩌지?' 그래서 걱정하는 마음으 로, 도움을 주려는 간절함으로 두 번째 책의 제목을 『너에 게 들려주는 꼿꼿한 말』로 결정하고 영혼을 담아 썼습니다. 꼿꼿하게 실천하며 나날이 성장하는 여러분이 되기를 바라 는 마음을 가득 담았죠.

꼿꼿하게 실천하는 일상이 왜 중요할까요? 사람의 능력

은 크게 다르지 않기 때문입니다. 판단하는 기준은 서로 다르겠지만 대부분 비슷한 능력을 갖고 살고 있죠. 게다가 비슷한 환경에서 살면서 비슷한 지점을 목표로 정해 경쟁하고 있습니다. 여러분도 모두 제 이야기에 공감할 수 있을 거예요.

그런데 왜 결과가 다를까요?

이게 정말 중요한 문제죠. 시작할 때는 거의 비슷한 상태로 출발하지만 결과를 보면 최고에서 최저까지 분명한 차이가 납니다. 그 이유를 제대로 알면 앞으로 우리가 만날 나날이 더 빛날 수 있겠죠. 핵심은 '순서'입니다.

과거에도 우리는 인공지능과 경쟁하며 살았습니다. 이게 무슨 이야기일까요? 바로 세상이 입력한 대로 생각하며 살아가는 사람이 많았다는 거죠. 인공지능은 인간이 입력한 순서대로 생각합니다. 인간보다 빠르게 많은 문제에 대한 답을 내놓는 것이 그들의 장점입니다. 하지만 단 하나, 하지 못하는 것이 있어요.

"그들은 일의 순서를 스스로 결정하지 못합니다."

우리는 인생에 필요한 모든 것을 이미 갖고 있습니다. 다만 모든 일을 꿋꿋하게 그리고 근사하게 해내기 위해서는 때에 맞는 적절한 선택이 필요한데, 지혜로운 사람은 가장 마지막에 하는 일을 미련한 자는 가장 먼저 해서 그르치고 말죠.

여러분이 읽는 이 책은 그 선택을 돕기 위해 쓰였습니다. 어떤 일이 생겨도 꿋꿋하게 끝까지 멋지게 해내는 사람에게 꼭 필요한 자신감, 열정, 언어, 꿈, 성장, 생각, 태도, 관계라는 여덟 개의 키워드를 선정했죠. 그리고 책에 담은 모든 핵심 메시지를 여러분이 필사로 간단하게 흡수할 수 있도록 정리했습니다.

　꼭 기억하세요. 여러분은 이미 모든 것을 가지고 있어요. 제대로 선택하면 원하는 것을 제대로 이룰 수 있죠. 지혜로운 사람은 선택의 기준과 방법이 다릅니다. 지금부터 소개하는 인문학적 성장 동력을 위한 여덟 개의 질문과 함께한다면 여러분이 원하는 삶을 현실로 만들어낼 수 있을 거예요.

차례

1장 **자신감** 스스로를 믿고 격려하는
찬란한 기쁨을 즐겨요

4장

꿈

매일 꿈을 키우며
나도 함께 큽니다

7장

결국 태도가
나의 모든 것을 결정합니다

자신감

스스로를 믿고 격려하는
찬란한 기쁨을 즐겨요

수많은 사람 중에서 '나'를 구분하게 만들 단 하나의 빛은 자신감 안에 존재합니다. 자기 자신을 강력하게 믿는 그 마음이 우리의 존재를 자기만의 색으로 빛나게 해주죠. 중요한 건 고개를 자주 숙이는 사람이 되어야 한다는 사실입니다. 최고의 스승은 가르치는 사람이 아니라, 배우고 싶은 대상 앞에서 망설임 없이 고개를 숙일 수 있는 사람입니다. 그들은 실제로 죽는 날까지 학생의 눈빛과 자세로 살죠. 학생은 그래서 참 아름다운 단어입니다. 여러분의 하루하루가 아름다운 이유도 바로 거기에 있죠. 세상에서 가장 부끄러운 건, 스스로 많이 안다고 생각하며 고개를 숙이지 않고 끝까지 자신이 옳다고 주장하는 사람의 말과 행동입니다. 자신감은 언제나 높은 곳이 아닌, 가장 낮은 곳에 존재한다는 사실을 잊지 마세요.

내가 나를 존중하면
벌어지는 놀라운 일

학교에서 기분 나쁜 일이 생겼을 때.

부모님과 의견 차이가 생겨서 기분이 상했을 때.

친구가 나만 따돌린다는 생각이 들 때.

우리들은 이런 상황에서 자신감을 잃게 됩니다. 밖에 나가지도 않고 홀로 시간을 보내게 되죠. 물론 혼자 생각하는 시간도 필요해요. 하지만 대부분 그런 선택은 우리에게 좋은 결과를 가져다주지 못합니다. 더 힘들어지고, 더 괴로워집니다. 이럴 때 빠르게 나쁜 감정에서 벗어날 수 있는 방법이 하나 있어요. 저도 가끔 활용하면서 효과를 보고 있는 방법이죠.

그건 바로 '하루 10분, 가볍게 동네 산책을 하는 것'입니다. 산책을 하고 나면 우울한 기분이 사라지고 다시 도전할 용기가 생겨나죠. 그 짧은 시간 동안 엄청난 변화가 이루어지는 이유는 무엇일까요? 나 자신을 위해서 움직인 경험을 스스로에게 보여줬기 때문입니다. 하루 10분의 산책은 소중한 나 자신을 지키고 자신감을 높여주는 최소한의 투자라고 볼 수 있습니다. 무기력하고 무엇 하나 되는 게 없는 날에는 밖으로 나가서 10분만 산책을 해보세요. 스스로 자신의 감정과 몸을 존중하는 기운을 자주 느낄 수 있어야 좋은 기세로 살아갈 수 있습니다.

+ + +

나는 나를 존중합니다.
내가 나를 존중하면
다른 사람들도 나를 존중하죠.
그 가치를 나는 잘 알고 있습니다.

세상에서 가장 반짝이고
빛나는 옷을 입어요

자기 안의 열등감을 사랑으로 감싸안아라.
꽃이 피고 새가 찾아올 것이다.

– 헤르만 헤세(Hermann Karl Hesse)

여러분 옷장에는 어떤 옷이 있나요? 그중 가장 좋아하는 옷은 무엇인가요? 저에게는 세상에서 가장 반짝이는 귀한 옷이 하나 있어요. 그건 바로 자신감이라는 외투죠. 하루를 살다보면 괜히 자신감이 떨어지는 순간이 찾아와 마음을 힘들게 하죠.

"나는 왜 잘하는 게 없을까? 나도 친구들처럼 달리기도 잘하고 싶고, 공부도 더 잘하고 싶은데."

이런 생각이 드는 건 결코 나쁜 일이 아닙니다. 저도 여러분 나이에 같은 고민을 했으니까요. 그래서 더욱 여러분에게 지혜로운 답변을 해줄 수 있죠. 살면서 자신감이 자꾸 떨어질 때 이런 태도를 가지면 자신감을 되찾을 수 있어요.

1   잘하는 부분은 모두 다르다.
2   내가 가진 재주를 사용하면 된다.

3 모두가 같은 재주를 갖고 있으면

오히려 세상은 너무 단조로울 것이다.

4 내 재주는 달라서 특별하다.

나만 뒤처지는 것 같을 때, 마음이 불안하고 힘들 때 아래 글을 주문처럼 외쳐보세요. 어디에서든 당당하고 꿋꿋하게 살아갈 수 있을 거예요.

+ + +

자신감이라는 옷은

내가 선택할 수 있는 옷 중에서

가장 예쁘게 빛나는 외투입니다.

누구든 자신감을 걸치면

반짝반짝 빛나죠.

제대로 떠나야
제대로 배울 수 있습니다

당신이 하는 일은
대부분 사소한 것들이다.
하지만 사소한 것들을
반복하는 삶은 인생에서 매우 중요하다.

– 마하트마 간디(Mahatma Gandhi)

　여러분은 여행을 떠날 때 무엇을 가장 중요하게 생각하나요? 저는 여행을 떠날 때 동선을 고려하지 않아요. 가급적 대중교통도 이용하지 않죠. 대중교통만을 이용하면 누군가가 정해둔 곳에만 도착할 수 있기 때문입니다. 그래서 저는 제 다리로, 제가 바라보는 곳을 향해서 걷는 걸 좋아해요. 자아의 확장을 위해서입니다. 스스로 짐작할 수 없는 반경으로 발걸음을 옮기며 짐작할 수 없을 정도로 커지는 내면의 확장을 느낍니다. 한 걸음 걷는 만큼 보이는 그 공간을 마음속에 가득 담죠.

　제대로 떠나면 제대로 배울 수 있습니다. 공간이 스승이라면, 우리는 가르침을 구하는 학생이죠. 교실에서 스승과 학생은 모두 두렵습니다. 스승은 '학생이 나의 질문을 이해하지 못하는 게 아닌가?', '혹시 오늘 수업이 겉돌고 있는 건 아닐까?', '학생들에게 도움이 될 수 있는 수업을 하고 있나?'와 같은 질문을 하며 스스로 두려움에 떨고 있죠. 학생도 마찬가지입니다. '이걸 내가 진짜 이해하고 있는 건가?', '내 대답을 듣고 아이들이 웃으면 어쩌지?', '이렇게 말하면 내 수준이 그대로 드러나는 게 아닐까?'라는 고민에 잠겨 있죠.

공간과 우리의 관계도 다르지 않습니다. 아무런 걱정도 하지 마세요. 모르는 곳이라도 당당하게 달려야 비로소 가슴에 담을 수 있습니다. 정답은 없으니 떨지 말고, 공간이 던지는 질문에 답하며 오직 나만 갈 수 있는 길을 걸어보세요. 막다른 골목이 주는 두려움은 버리고 오히려 나만 아는 공간을 만났다는 사실에 환호하면 순간이 더욱 빛나죠.

내가 아는 곳을 버릴 때만이 내가 몰랐던, 그리고 내가 알면 좋을 공간을 만날 수 있고, 그런 과정을 거쳐야 다른 곳에서는 알 수 없는 새로움을 배울 수 있습니다. 예측할 수 없는 가르침과 깨달음이 바로 여행이 주는 즐거움이니까요.

+ + +

일상이 배움이고

배움은 일상에 존재합니다.

떠나지 않는 사람은 만날 수 없고

만나지 못하면 이해할 수 없어요.

하나를 더 이해하려면

한 번 더 떠나야 합니다.

이렇게 책을 읽어야
빠르게 성장할 수 있어요

책은 소년의 음식이 되고
노인의 즐거움이 되며
번영과 장식과
위급하고 어려운 때의 도피처가 된다.

– 키케로(Marcus Tullius Cicero)

세상에 존재했던 수많은 대가들은 서로 사는 방식과 살았던 시대도 달랐지만 매우 유사한 게 있었습니다. 독서를 통해서 자신이 원하는 것을 모두 얻었다는 점이죠. 비결이 뭘까요? 그 방법을 한 줄로 정리하면 이렇습니다.

"다르게 읽어야, 다른 것을 얻을 수 있다."

그들의 독서는 다음 세 가지가 달랐습니다. 마음에 담는다는 생각으로 읽어보세요.

1 앞표지와 뒤표지가 주는 유혹에서 벗어나세요

모든 표지에는 그 책을 읽어야 하는 이유와 작가의 주요 생각이 녹아 있습니다. 그럼에도 표지를 벗어나라는 것은, 작가의 의도대로 읽지 말라는 뜻입니다. 그런 독서는 의미가 없습니다. '내가 이 주제로 한 권의 책을 새로 쓰겠다'라는 '공감'과 '비판'의 시선으로 읽어야 자신에게 맞는 새로운 콘텐츠가 탄생합니다. 독서는 모방이 아닌 탄생입니다. 자기 안에서 무언가 탄생하지 않으면 읽었다고 말할 수 없습니다.

2   마지막 장에서 새로운 나를 만나야 합니다

첫 장을 넘길 때의 나와 마지막 장을 덮을 때의 나는 달라야 합니다. 이유는 앞서 말한 대로 독서는 탄생이기 때문이죠. 저는 책을 쓸 때, 그 책 한 권을 쓰며 얻은 의식의 힘으로 책 두 권 이상을 쓸 창조력을 제 안에 쌓습니다. 좋은 책은 그 책을 쓴 작가에게 또 다른 글을 쓸 힘을 주고, 독자에게는 달라진 자신의 모습을 볼 수 있게 해줍니다. '일상에서 실천할 수 있는 것을 찾아보자'라는 시선으로 독서를 하면 그런 자신을 만날 수 있습니다.

3   '사람 친구'가 아닌 '마음 친구'를 만나세요

독서할 때 우리는 절대 혼자가 아닙니다. 가장 좋은 친구인 책이 곁에 있기 때문입니다. 만약 혼자서 책을 읽는 시간이 즐겁지 않다면, 그건 아직 책을 친구로 두지 못했다는 사실을 증명하죠. 지금 우리에게 필요한 건 사람 친구가 아니라 마음 친구입니다. 먼저 마음을 잡아야 해요. 혼자서 차분하게 독서를 할 수 있다고 생각하세요. 그래야 독서가 편안해질 수 있고, 더 나은 내일을 맞이할 수 있습니다.

+ + +

나는 내가 읽은 책이 나의 성장을 위한

거름이 될 것이라 굳게 믿고 있습니다.

모든 것을 다 갖췄기에

남은 것은 오직 믿음 하나뿐입니다.

우리는 왜 자꾸
남의 눈치를 볼까?

내 인생은 멋진 이야기다.
그 어떤 착한 요정이
나를 지켜주고 이끌어주었다 하더라도
지금보다 더 좋은 삶을 살지 못했을 것이다.

– 안데르센(Hans Christian Andersen)

이런 종류의 기사를 자주 목격하게 됩니다.

'한국 중학생 지능은 세계 최고 수준 입증해, 반면 자신감은 하위권'

'한국 중학생 수학 능력 세계 1위! 그런데 자신감은 왜 낮을까?'

우리나라 학생들의 지능과 수학 능력은 세계 최고 수준입니다. 그런데 왜 자신감은 낮은 수준에서 벗어나지 못하는 걸까요? 자꾸 남의 눈치를 보기 때문입니다. 다른 사람의 시선에 모든 정신을 쏟아서, 자신이 잘하고 있다는 사실을 알지 못하는 거죠.

이러한 태도가 결국 스스로를 자기효능감이 매우 낮은 사람으로 만듭니다. 자신감이 매우 낮아진 상태에서는 어떤 상황에서 적절한 행동을 할 수 있다는 기대와 신념을 가질 수 없기 때문입니다.

그런 무기력한 삶에서 벗어나려면 자신에게 관대해지

려는 노력이 필요합니다. "이건 힘들 거야", "과연 내가 할 수 있을까?"라는 부정적인 자기 대화를 피해야 합니다. 대신 "나라면 가능하지", "조금만 더 노력하면 해낼 수 있을 거야"라는 희망을 자신에게 들려주는 게 좋습니다. 말은 아주 짧은 시간에도 큰 차이를 만들어낼 수 있으니까요.

중간에 실수를 해도 자신을 너무 혼내지 마세요. 왜 최선을 다한 자신을 스스로 아프게 하나요. 최선을 다하지 못했다고 하더라도 마찬가지입니다. 나는 나를 용서하고 격려할 수 있어야 합니다. 우리는 모두 실수를 하고, 늘 최선을 다할 수 있는 것도 아니니까요. 나는 그냥 나라서 소중한 겁니다. 실패해도 사랑해야 하고 조금 미워도 격려하며 이불처럼 안아줘야 합니다.

+++

나는 내가 아는 것보다 더 소중한 존재입니다.
나를 위해 시간을 투자하는 것은
결코 이기적인 선택이 아닙니다.
내가 가진 가치는 생각보다 훨씬 큽니다.

세상에 '절대'는
절대로 존재하지 않습니다

배움에서 가장 어려운 것은
배워야 한다는 것을 배우는 것이다.

– 이마누엘 칸트(Immanuel Kant)

　‘절대’라는 말을 자주 사용하는 사람이 있습니다. 단순히 곁에서 볼 땐 자신감이 넘쳐 보일 수도 있지요. 하지만 오히려 그 반대입니다. 매사에 자신 있는 태도를 갖기 위해서는 “나는 그건 절대 하지 않아”라는 식의 말을 하지 말아야 합니다. 의견을 물으면 ‘절대’라는 말로 무언가를 거부하는 사람이 있어요. 그들의 특징은 늘 무기력한 일상을 보낸다는 데 있습니다. 이유는 간단해요. 스스로를 틀에 가두고 그게 한계라고 여기기 때문입니다. 늘 다음과 같은 사실을 기억해야 해요.

“다른 상황과 사람을 받아들이지 않는 삶은
스스로 자신을 새장에 넣고 문을 잠그는 것과 같다.”

　언제 어디로 떠나든 새로운 것을 받아들이는 사람에게는 세 가지 특징이 있습니다.

하나는 모든 것을 수용하는 자세입니다. 야구를 떠올려 볼까요? 외국에서 온 용병 선수들은 자신이 활동하던 나라에서 올린 성적이 한국에서 그대로 이어지지 않는다는 사실을 깨닫게 됩니다. 실력보다 중요한 건 그 나라의 문화를 잘 받아들이는 것입니다. 상황은 하나의 문화라고 볼 수 있죠. 그 자체로 큰 의미가 있어요. 거부하지 않고, 있는 그대로 받아들일 수 있는 넓은 마음이 필요합니다.

또 하나는 비정상적인 상황과 사람은 없다는 사실을 가슴속에 간직하는 것입니다. 나라는 모두 달라도, 바닥에는 땅이 있고 하늘에는 구름이 있어요. 이상한 것이 아니라 다른 것입니다. 우리가 정상이 아니라고 생각하는 모든 것이 그 나라에서는 정상일 수도 있죠.

사람도 상황도 그렇습니다. 내 생각과 맞지 않는다고 배척하거나 비난하지 말아야 해요. 비정상적인 상황과 사람은 없습니다. 그걸 바라보는 우리의 시선이 그렇게 생각할 뿐이지요.

마지막은 태도가 전부라는 사실의 자각입니다. 모든 것은 상황을 바라보는 그 사람의 태도가 결정해요. "저 사람만이 가지고 있는 무언가가 있다", "이 상황은 내게 무언가를 가르쳐줄 것이다"라는 생각으로 바라볼 수 있어야 합니다. 그 사소한 태도가 위대한 나날을 만들어줍니다. 실력도 중요하지만 그 실력을 100퍼센트 발휘하게 하는 건 언제나 태도에서 시작하기 때문입니다.

+++

마음만 먹으면 나는 무엇이든 배울 수 있습니다.

배우려는 마음을 품고 일상을 대하면

모든 사물과 풍경이 자신을 활짝 열고

내게 가장 값진 것을 보여주죠.

배우려는 태도가 이 세상을

가장 지혜로운 교실로 만듭니다.

SNS를 멋지게
활용하는 법

동 트기 전에 일어나라.
기억은 흐려지고 생각은 사라진다.
머리를 믿지 말고 손을 믿어라.

– 다산 정약용

어떤 이들은 SNS에 열중하는 것을 비판하며 이렇게 말합니다.

"SNS를 사용하는 것은 시간 낭비다."

하지만 저는 그 주장에 동의할 수 없어요. 모든 서비스는 그걸 사용하는 방법과 태도에 따라 효용이 달라지기 때문입니다. 어떤 이에게는 시간 낭비일 수도 있지만, 이용하는 방식에 따라 시간을 창조하는 좋은 도구가 될 수도 있죠. 무언가에 끝까지 몰입해 본 경험은 그 사람 인생에 많은 영감과 만족감, 그리고 끈기를 기를 수 있는 힘을 줍니다. SNS는 여러 가지 문제점들을 양산하고 있지만 반대로 우리에게 이런 기회와 효과를 주기도 해요.

1 시간을 아껴 쓸 수 있게 한다

시간이 넉넉한 사람은 오히려 SNS를 잘 사용하지 않을 가능성이 높아요. SNS는 시간을 아껴서 쓸 정도로 바쁘게 사는 사람이 자신이 살아온 시간을 기록하는 장소이기 때문입니다. 그런 사람이 SNS를 운영할 때 많은 사람들의 호응과 공감을 얻죠. 또한 SNS를 자주 사용할수록 자신의 일정을 한눈에 파악할 수 있어서 쓸데없이 보내는 시간을 줄일 수 있습니다.

2 실천한 것을 정리할 수 있다

"내가 어제 뭘 했지?"라는 생각을 자주 하며 사는 사람이 많습니다. 방금 먹은 음식도 잘 기억이 나지 않는 게 현실입니다. 하지만 24시간 중 30분의 시간을 내어 나머지 23시간 30분 동안 내가 무엇을 했는지 SNS에 적으면, 하루 일과를 쉽게 정리하고 다시 한번 확인할 수 있습니다.

3 앞으로 할 일을 선명하게 보여준다

지금까지 자신이 무엇을 했는지 제대로 아는 사람은 앞

으로도 무엇을 해야 할지 선명하게 알고 있습니다. 생각만
하고 실천하지 못한 것들, 꿈만 꾸고 계획을 세우지 못한
것들의 존재를 알게 되니 효율적인 일상을 사는 데 큰 도움
이 되죠. 일상의 기록을 통해 더 나은 내일을 기획할 수 있
게 됩니다.

우리에게 중요한 건 생각하고 쓰는 삶입니다. 눈으로
읽기만 하면 쉽게 사라지죠. 타인의 글과 생각을 읽고 댓글
로 자기 의견을 밝히거나, 자신의 계정에 가져와 왜 공유
했는지 그 이유에 대해서 써보세요.

+++

모든 서비스는 그것을 이용하는
사람의 수준과 태도에 따라
다른 가치를 제공합니다.
더 높은 가치를 만나고 싶다면
자꾸 내 생각을 글로 써봐야 합니다.

재능과 환경을 뛰어넘는 힘은
여기에서 나옵니다

인간은 불완전하게 태어났습니다. 그래서 사는 내내 자신을 완성하려고 노력해야 합니다. 우리에게 인문학이 필요한 이유입니다. 인문학은 모두가 아는 지식입니다. 하지만 아무도 가지지 못한 가치라고 말할 수 있어요. 머릿속이 아닌 일상이라는 무대를 만나야 가치를 발하기 때문입니다. 인문학을 우리 삶에서 실천하기 위해서는 열정이 필요합니다. 그러나 여기에서 실수하는 사람이 많아요. 열정은 뜨겁게 달군 무기를 앞세우고 나가는 것이 아니라, 바라만 봐도 뜨거운 그것을 내 안에 넣어두고 평화롭게 다스리는 것입니다. 외치지 말고, 자신을 고요하게 유지하세요. 그것이 가장 뜨거운 열정입니다.

하나에 최선을 다하면
그 하나가 길을 보여줍니다

사다리의 단은 결코 쉬라고 있는 것이 아니다.
다른 발을 더 높은 곳에 올려놓을 수 있도록
한쪽 발을 지탱해 주기 위해 있는 것이다.

– 토마스 헉슬리(Thomas Henry Huxley)

주변에 늘 이것저것 하는 일은 많은데, 그 친구가 하는 일을 한마디로 말하려면 딱히 떠오르는 표현이 없는 경우가 있죠. '바쁘다'는 말을 입에 달고 살지만 무슨 일을 하는지 정확히 알 수 없는 사람도 있습니다. 문제는 그들 자신이 현재의 자기 상태를 매우 열정적이라고 생각한다는 데 있어요.

대체 열정은 무엇을 말하는 걸까요? 무조건 바쁘거나 하는 일이 많으면 그걸 열정이라고 부를 수 있을까요? 그렇지 않아요. 본인이 하고자 하는 일에 재능이 없거나 하나를 꾸준히 지속하지 못하는 사람의 특징일 확률이 높죠. 꾸준히 무언가를 지속하지 못하는 사람이 자신의 현재를 열정으로 포장할 때, 그는 최악의 인생을 스스로 계획하는 것과 다름없습니다.

열정에서 중요한 건 '지속'입니다. 저는 "정진하세요"라는 말을 좋아해요. 재능보다 귀한 삶의 가치이기 때문입니다. 하나를 꾸준히 하면 그 하나가 다음에 가야 할 길을 보여줍니다. 수학 1단원을 완벽하게 끝내면 2단원을 공부할 능력이 생기는 것처럼 말이죠.

+ + +

하나에 최선을 다하면
최선을 다할 또 하나의 일이
저절로 앞에 놓입니다.
열정이 나의 길을 찾아줍니다.

하나를 선택해서
끝까지 가는 삶의 주인공이 되세요

태초부터 약 일천억 명의 사람들이 지구라는 행성을 누볐다.
은하수에 존재하는 별의 숫자도 약 일천억 개다.
우리는 각각 이 우주 안에 자기만의 별을 하나씩 갖고 있다.

– 아서 C. 클라크(Arthur Charles Clarke)

"나는 아이디어가 많아"라고 말하는 사람이 있습니다.
그들은 "그거 나도 생각했던 건데!"라는 말버릇을 갖고 있
죠. 그런데 사실 아이디어는 많을 필요가 없습니다. 수천 개
의 아이디어 중 하나를 선택해서 그것을 세상에 내놓는 것
이 중요하지, 수천 개의 아이디어 그 자체는 별로 쓸모가
없기 때문입니다.

아이디어를 세상에 내놓는 삶을 살기 위해서는 무엇이
필요할까요? 하루의 중심에 자기 자신이 있어야 합니다. 이
를 위해 매일 반복해서 이 질문을 던지세요.

"이건 누구의 일인가?"
"나는 왜 여기에서 남의 일을 하는 건가?"
"나의 일은 어디에 있나?"
"여기에서도 마음만 바꾸면 충분히 나의 일을 할 수 있
지 않을까?"

그렇습니다. 자신의 일을 하기 위해서 굳이 멀리 갈 필요는 없어요. 그 자리의 주인이 되면 그걸로 충분합니다.

어떤 영화를 보면 단 1분 정도만 출연했을 뿐인데, 주인공보다 근사한 연기로 기억에서 잊히지 않는 단역 배우가 있습니다. 세상은 그를 위해 의자를 만들어주지 않았지만, 그는 스스로 의자를 가지고 와서 그 순간의 주인이 되었죠.

+++

열정은 스스로 내세우는 게 아니라

타인에 의해 인정받는 것입니다.

하나를 선택해서 끝까지 가야 해요.

그 중심에는 반드시 자신이 있어야 합니다.

그때 사람들은 나를 보며

비로소 열정이 무엇인지 깨닫게 됩니다.

얕은 사람과 깊은 사람은
소리가 다릅니다

타인의 지혜로는
멀리까지 갈 수 없다.

– 라투아니아 속담

하루는 지인이 분노에 가득 찬 모습으로 "나, 저 사람을 이해할 수가 없어"라고 말했어요. 저는 이렇게 응수했죠.

"왜 네가 이해하려고 그래?"

그는 다시 말했습니다.

"아니, 말이 안 되는 이야기를 하잖아. 다들 그렇게 생각하지 않을 거야."

이런 방식의 생각은 자기만 힘들게 합니다. 일단 '말이 안 된다는 것'은 자기 생각입니다. '다들 자신과 같을 것'이라는 생각도 마찬가지죠.

세상의 모든 주장은 언제나 그것을 지지하는 반과 거부하는 반으로 나뉩니다. 차이가 난다고 해도 크지 않죠. 타인의 주장은 그 사람의 결론입니다. 다시 말해 그가 태어나 오늘까지 산 모든 나날의 합으로 내린 그 사람만의 최종 판결인 셈이죠. 그걸 왜 쉽게 이해하려고 하죠? 왜 설득과 변화가 쉽게 이루어질 거라고 생각할까요?

변화는 오랜 시간에 걸쳐서 자연스럽게 이루어집니다. 내가 그를 바꾸는 게 아니라 그가 스스로 자신을 바꾸는 것이죠. 상대의 변화를 기대하려면 내가 선택한 삶이 얼마나 가치 있는지 보여줘야 합니다. 결론은 늘 매우 간단해요.

"나나 잘하자."

사람은 자기 안에 사랑이 가득한 만큼 잘 삽니다. 그가 더 아름다운 삶을 살기를 바란다면, 그 마음이 간절하다면 나에게 쏟으면 됩니다. 내가 먼저 잘하자는 마음이 올바른 열정입니다.

+ + +

아는 자는 그걸 안다고 말할 필요가 없습니다.
실천하는 자는 그것을 한다고 말할 이유가 없죠.
그들의 일상이 이미 말해주고 있기 때문입니다.
얕은 자는 시끄럽고, 깊은 자는 조용합니다.

책 한 권을 쓰려고
10년을 투자한 사람이 있습니다

우리 생활은 언제나 두 가지로 이루어진다.
하고 싶지만 불가능한 것과
가능하지만 실천하지 않은 것.

– 요한 볼프강 폰 괴테(Johann Wolfgang von Goethe)

저에게는 수많은 다양한 곳에서 절실한 마음이 녹아 있는 이메일이 거의 매일 도착합니다. 그리고 저는 늘 답장을 합니다. 그것도 마치 책을 쓰는 것처럼 논리적으로 적고, 반복해서 읽고, 오타와 오류를 점검하고, 마지막으로 충분히 상대의 질문에 답했는지 확인한 후에 다시 처음부터 끝까지 소리를 내어 읽은 뒤, 보내기 버튼을 누르죠. 그리고 또 보낸 메일 버튼을 눌러 다시 쓴 내용을 읽으며 더 많은 이야기를 해주지 못해서 미안한 마음을 느끼기도 합니다.

그런데 그렇게 심혈을 기울여 보낸 메일 중 95퍼센트는 답신이 오지 않습니다. '고맙다'라는 짧은 인사도 오지 않죠. 절실하다는 것은 묻고 싶은 것이 많다는 뜻입니다. 그래서 무언가 정보를 얻었을 때 누구보다 경탄해야 합니다. 하지만 스스로 절실하다고 말하는 사람 중 95퍼센트는 진정으로 절실하지 않았다는 걸 메일에 답신을 하며 깨닫게 됩니다.

　니체가 독일 문학의 정수라 칭송한 『괴테와의 대화』를 쓴 괴테의 제자 요한 페터 에커만(Johann Peter Eckermann)은 문학에 대한 절실함을 느낀 후 괴테를 만나고 싶어서 무려 10년 가까이 자신의 지적인 수준을 단련하기 위해 노력했습니다. 20세가 넘은 나이에 초등학교에 입학해 공부했고, 집이 가난해서 생계를 위해 저녁에는 일을 했죠. 사실 늦은 나이에 공부만 하는 것도 쉬운 일은 아니었습니다. 하지만 그는 어느 것 하나도 포기하거나 소홀하지 않았죠. 절실한 목표를 이루기 위해서는 절실한 행동이 반드시 필요하다고 생각했으니까요.

　명작 『괴테와의 대화』는 그렇게 자신을 단련한 에커만이 괴테를 만나 탄생한 것입니다. 실제로 에커만은 괴테를 무려 1,000번이나 만나 다시 10년을 투자해 그 대화 내용을 책에 담아냈어요. 그 노력과 절실한 마음은 상상하기도 힘듭니다. 에커만은 그렇게 자신의 절실한 마음을 세상에 보여주기 위해, 한 권의 책에 무려 자기 삶 중 20년을 잘라서 바쳤습니다.

+ + +

그저 책으로만 읽으면 지식으로 머물지만

매일 일상에서 실천하면서

시간으로 빚어내면

지식을 지혜로 바꿀 수 있습니다.

진심은
어떻게 전할 수 있는 건가요?

중요한 것은
다른 사람 머리로 생각하는 큰일이 아니라
자기의 머리로 생각하는 작은 일이다.

– 무라카미 하루키(Murakami Haruki)

가끔 저에게 글쓰기를 배우고 싶다거나, 책을 내고 싶다며 쪽지나 이메일을 보내는 사람이 있어요. 그들은 늘 자신의 마음이 진심이라고 말하죠. 하지만 그럴 때마다 아쉬운 마음이 가득해요. 저는 글을 쓰기 위해 지난 30년 동안 수많은 사람을 찾아다니며 바닥부터 경력을 쌓았는데, 그들은 자신의 시간도 투자하지 않고, 저를 만나러 오는 어떤 시도나 의욕도 보여주지 않기 때문입니다.

서울에 사는 저를 만나는 것은 그리 어려운 일이 아닙니다. 대중교통으로 몇 시간이면 얼마든지 만날 수 있죠. 강연을 자주 하기 때문에 강연장에 찾아오면 애써 약속을 하지 않아도 만날 수 있죠. 저도 예전에 누군가를 만나기 위해 그가 진행하는 강연장에 찾아가 그의 이야기를 듣고, 강의가 끝난 후 잠시 대화를 나누기 위해 하루를 모두 소비한 적이 있습니다. 하지만 그들은 진심으로 글쓰기를 배우고 싶다고 말은 하면서도 저를 찾아오거나 만나려는 노력은 전혀 하지 않습니다. 그저 앉아서 메일이나 메시지를 보내는 게 전부죠. 그걸 진심이라고 말할 수 있을까요?

진심은 실천으로 보여주는 것이지, 말로 증명하는 것이 아닙니다. '진심'이라는 말을 자주 하는 이유는 삶에서 보여준 적이 없기 때문이죠. 따라서 늘 이렇게 자신에게 질문하는 게 중요합니다.

"나는 진심이라고 말할 정도로 절실한가?"

진심으로 다가오는 사람은 저절로 눈에 보입니다. 진심은 숨길 수 없기 때문이죠. 다시 강조하지만 진심을 가진 사람은 가만히 앉아 이메일을 보내거나 쪽지를 날리지 않아요. 진심인데 어떻게 가만히 앉아 있을 수 있겠어요.

+ + +

진심은 어디에서든 통하는 법입니다.

진심에서는 거부할 수 없는

아름다운 향기가 흘러서

그걸 가진 사람을 지나칠 수 없기 때문이죠.

다정한 말은 좋은 마음을 주고 싶다는 절실함에서 나옵니다

차가운 차와 찬밥은
그라도 참을 수 있으나
차가운 말은 도저히 참기 어렵다.

– 중국 속담

새학기나 학원에서 새로운 친구를 만나 처음 나누는 대화가 어려운 이유는 어쩔 수 없이 첫인상에 대한 느낌을 전해야 하기 때문입니다. 이때 어떤 이는 누가 들어도 기분이 나쁘게 "넌 얼굴에 왜 이렇게 여드름이 많냐? 관리 좀 해!"라는 식의 말투로 분위기를 망칩니다. 하지만 다정한 말의 가치를 아는 사람은 어떻게든 가장 근사한 말을 생각해서 친구에게 들려주죠.

"넌 참 표정이 편안하구나."

"널 보면 좋은 기운이 느껴져."

다정한 말을 하는 건 어렵지 않아요. 다만 그런 말을 생각해 내려면 우리 안에 이런 절실한 마음이 있어야 합니다.

"좋은 마음을 전하고 싶다."

좋은 마음을 주고 싶다는 바람이 절실해져야 비로소 우리는 가장 강력하게 생각의 동력을 돌릴 수 있습니다. 절실하면 통한다는 말은 그냥 나온 것이 아니죠. 무언가에 절실한 마음을 품고 사는 사람과 무엇도 절실히 바라지 않는 사람의 눈과 가슴은, 뜨거움의 온도와 볼 수 있는 시야가 전혀 다릅니다.

+ + +

다정한 말이 중요한 이유는

그 안에 상대방을 향한

따스한 사랑이 함께 존재하기 때문입니다.

내 말의 온도가 높아지면

내가 만날 세상도 더 따뜻해집니다.

늘 준비하는 사람이
그 순간의 주인입니다

오늘이란 당신의 생각들이
당신을 데려다준 곳이다.
내일은 당신의 생각들이
당신을 데려다줄 곳이다.

– 제임스 알렌(James Allen)

"일상이 우리가 가진 모든 것이다."

많은 철학자가 일상의 가치를 이렇게 표현하며 강조합니다. 하지만 괴테는 이보다 더 세밀한 시선으로 일상을 바라보고, 다음 다섯 개의 언어로 순간의 가치를 설명했습니다. 천천히 읽으며 마음에 담아보세요.

1   순간보다 귀한 것은 없다

세상에 존재하는 어떤 거대한 보물과 명예, 그리고 지위를 준다고 해도 순간의 가치보다 더 높이 평가할 수 있는 것은 아무것도 없습니다.

2   방심이 순간을 지운다

한순간도 마음을 놓지 마세요. 우리로 하여금 순간의

가치를 잊게 만드는 것은 방심입니다. 멈추거나 그만두기에
충분한 순간은 없습니다.

3   순간은 일종의 관중이다

엄청난 노력으로 순간이라는 관중이 나의 성장을 믿도
록 설득해야 합니다. 나의 순간이 나만 지지하는 팬으로 만
들어야 하죠. 내가 나의 팬이 되어야 합니다.

4   순간의 지속은 힘이 세다

일상의 순간은 그 자체로는 너무도 보잘것없습니다. 최
소한 5년이라는 순간을 하나로 묶지 않으면 한 다발의 수확
도 없어요. 지속은 우리가 가진 가장 믿을 만한 힘입니다.

5   순간의 축적이 성장을 이끈다

일상의 순간은 오류와 실수에 속하지만, 순간의 축적은

성과와 성공에 속합니다. 순간을 놓지 마세요. 사라지지 않고 차곡차곡 쌓여서 나의 성장을 이끌 것입니다.

이 순간의 주인으로 사는 사람은 자신의 존재를 강력하게 믿는 사람으로 성장합니다. 그들은 인맥의 힘을 믿지 않아요. 다만 굳게 믿는 사람이 한 명 있죠. 바로 '어제의 자신'입니다. 스스로를 믿는 힘이 세상에서 가장 강합니다.

+ + +

어떤 실패도 나를 무너뜨릴 수 없어요.

어제의 내가 오늘의 나를 든든히 받쳐주니까요.

고통은 다 지우고 어제만 믿고 뛰면 됩니다.

어제의 나를 믿을 수 있다면

나는 세상이라는 무대 위에 당당히 설 수 있습니다.

언어

내 언어의 한계가
내 세계의 한계입니다

한 사람의 수준은 현재 그 사람의 입에서 나오는 언어의 수준과 같습니다. 새로운 것을 추구하며 멈추지 않고 성장하는 사람들의 언어는 특별하죠. 소수처럼 생각하고, 다수처럼 말하세요. 좀 더 세밀하게 말하자면 내 눈에만 보이는 것들을 모두가 이해할 수 있게 쉬운 언어로 설명할 수 있어야 한다는 것입니다. 조금 어렵지만 차분하게 읽고 생각해 보세요. 모두에게 공개되었지만 자신에게만 보이는 부분을 발견한 후, 그것을 자기 안에서 다수가 이해할 수 있는 언어로 가공해서 내보내라는 말입니다. 그럼 자신의 언어 수준을 확 높일 수 있어요. 쉽게 실천할 수 없을지도 모릅니다. 지금부터 섬세하게 책을 읽으며 하나하나 발견해 자신의 것으로 만들어보세요.

그 사람의 언어가
그 사람의 수준입니다

말은 영혼의 거울이다.
인간은 자신이 말하는 그대로다.

– 퍼블릴리우스 시루스(Pubblilius Syrus)

　　아무리 옳은 말을 해도 상대가 욕을 섞기 시작하면 저는 그의 이야기를 더 이상 듣지 않습니다. 그는 아직 충분히 말할 준비가 되지 않았기 때문입니다. 자신의 생각을 잘 정리한 사람은 비속어를 사용할 필요가 없어요. 생각 자체가 완벽히 모양을 잡으면, 말은 그저 설명하는 역할만 하면 되니까요.

　　마찬가지로 아무리 정의를 말해도 상대가 타인을 낮춰 부르기 시작하면, 나는 그의 이야기를 귀담아듣지 않습니다. 그의 정의는 아직 충분히 준비된 것이 아니기 때문입니다. 정의는 자기 삶의 도덕에서 출발해야 합니다. 그러자면 정의를 말하는 입에서 타인을 낮추는 말이 나올 필요가 없죠. 자기 삶의 도덕이 완벽하게 모양을 잡으면, 그저 말로 설명하는 것으로 바로 정의가 됩니다.

　　세상에는 다양한 사람이 살고 있어요. 시냇물처럼 사는

사람이 있고, 깊은 강물처럼 사는 사람도 있습니다. 그것은 대개 소리로 구분이 가능해요. 속이 훤히 보이는 얕은 시냇물은 소리 내어 흐르지만, 깊은 강물은 소리 없이 흐르죠.

속이 훤히 보이는 사람은 시끄럽습니다. 자신은 실천하지 않는 것을 타인에게 강요하며, 얕잡아 보며 밟고 올라갈 생각만 하는 것이 그대로 말이 되어 나오기 때문입니다.

+ + +

스스로 자신의 뜻을 실천하며

삶으로 보여주는 사람은

오늘도 호수처럼 차분하게

그 자리에서 흐르며 살아갑니다.

나는 충분히
예쁘게 말하고 있나요?

새는 자신의 목소리를
흉내 내는 피리 소리에 넘어오고,
사람은 자기를 치켜세우는 말에 넘어온다.

– 새뮤얼 버틀러(Samuel Butle)

세상에는 '같은 말도 예쁘게 하는 사람'이 있죠. 타고난 능력과 재능은 조금 부족할지 몰라도 그들은 사람들 곁에서 기운을 주고 따스한 마음을 나누며 기쁨을 전합니다. 함께 있으면 괜히 그 순간을 기대하게 되고, 떨어져 있으면 자꾸 생각나죠.

물론 능력도 뛰어나고 말도 예쁘게 하면 좋겠지요. 하지만 아무리 많은 것을 갖추고 있어도 말이 예쁘게 나오지 않으면 아무런 소용이 없습니다. 예쁘게 말하는 것은 그리 어려운 일이 아니에요. 다음 세 가지만 잘 지키면 됩니다.

1   제발 가르치지 마세요

우리는 선생님이 아닙니다. 그리고 앞에 선 사람은 학생이 아니죠. 누구도 우리에게 배움을 구하지 않았습니다. 대화의 목적은 판결이 아닌 연결입니다. 그러니 가르치려고 하지 말고 함께 순간을 나누려는 마음으로 말해야 합니다.

2   여유를 가지세요

말과 글은 끝내는 게 목적이 아닙니다. 시작과 과정에 가장 큰 이유가 있죠. 좋은 마음을 전하고 싶다면 따스한 눈빛으로 차분하게 말해야 해요.

3   이기려고 하지 말아요

싸우려는 자세로 덤비지 말아요. 내 말이 존재하는 광장을 싸움터로 만들지 마세요. 마음만 바꾸면 궁전이 될 수 있습니다.

말은 그 사람의 내면을 선명하게 보여줍니다. 부끄러운 내면을 보여주고 싶지 않다면 말에 좀 더 정성을 담아야 합니다.

말을 대하는 자세가 가장 중요합니다.

어렵게 만든 나의 현재를

쉽게 나온 말로 망치지 않겠습니다.

내 입에서 나온 말이

곧 나의 수준을 결정합니다.

단어 하나가
하나의 생명입니다

가슴속에 책 만 권이 들어 있어야
그것이 흘러넘쳐 그림과 글씨가 된다.

– 추사 김정희

한 초밥집에서 오랜만에 꽤 흡족한 마음으로 식사를 마쳤습니다. 생선의 신선도도 좋았고, 무엇보다 서빙을 담당한 직원의 자세가 기억에 남을 정도로 근사했어요. 하지만 계산을 하기 위해 일어서다가 문득 본 메뉴판 뒤에 쓰여 있는 가맹점 모집 문구가 제 모든 기대와 좋은 마음을 날아가게 만들었습니다.

"초밥집 창업, 경력이 없어도 누구나 할 수 있습니다."

하지만 하단에는 이 문구와 전혀 어울리지 않는 문장이 쓰여 있었어요.

"손끝에 정성을 담아 만듭니다."

이게 대체 무슨 말이지? 어지러웠습니다.

저는 메뉴판을 매우 세심하게 읽습니다. 절로 감탄하게 만드는 글을 볼 수 있기 때문이죠. 이를테면 한 작은 식당의 메뉴판 앞에 쉬는 날이 적혀 있었는데, 이런 문구가 쓰여 있었습니다.

"명절과 직원의 경조사가 있을 때 쉽니다."

직원의 일상을 소중하게 생각하는, 이 얼마나 멋진 휴무일 공지인가요. 이런 식당은 음식에 대한 자부심을 글로 드러내지 않아도 직원을 대하는 주인의 마음처럼 음식을 향한 따스한 온기까지 충분히 짐작할 수 있습니다.

경력이 없어도 마음을 담아 만들 수 있다고 말할 수 있지만, 음식에 마음을 담는 일이 정말 그렇게 쉬울까요? 진실로 마음을 담으려면 세월이 필요합니다. 남들은 상상도 할 수 없을 정도로 긴 세월을 하나의 문제를 풀기 위해 바친 사람만이 정성을 담을 수 있기 때문입니다. "마음을 담아 글을 써야 한다"라고 아무리 외쳐도 글쓰기 초보자는 그 말을 이해하기 힘들어요. 그런 글을 써본 경험과 세월이 아직은 부족하기 때문입니다.

사소하다고 생각한 한 줄로 그 사람의 세상을 바라보는 시선을 짐작할 수 있습니다. 만약에 "창업에 경력은 필요하지 않습니다. 손끝에 정성을 담아 만듭니다"라는 문구를 "손끝에 정성을 담겠다는 마음이면 누구나 시작할 수 있습

니다"로 바꿨다면, 읽는 손님의 마음과 가맹점을 시작하려
는 사람의 마음까지 뜨겁게 만들 수 있었을 겁니다.

+ + +

단어 하나만 다르게 써도

한 사람의 인생이 바뀝니다.

내 인생이 소중한 만큼

한 문장을 쓰더라도

더 읽고 사색해야 합니다.

같은 책을 반복해서 읽는 게
경탄스러운 이유

시계가 둥근 이유는
끝이 곧 시작이기 때문이다.

– 라 로슈푸코(Francois de la Rochefoucauld)

한번 생각해 보세요. 왜 어떤 사람은 같은 책을 굳이 반복해서 읽는 걸까요? 세상에는 읽을 책이 참 많은데 말이죠. 차근차근 그 상황을 분석해 보면 명확한 이유를 알 수 있어요.

1   아무리 봐도 지루하지 않다.

2   볼 때마다 새로운 지점이 보인다.

3   다른 지점이 보이는 이유는 성장했기 때문이다.

4   다른 질문을 품고 읽으니 다른 답이 나온다.

5   한 권의 책으로 세상을 보는 눈을 기르게 된다.

많은 책을 읽는 건 전혀 중요하지 않습니다. 100권의 책을 한 번씩 읽는 사람보다, 한 권의 책을 100번 반복해서 읽은 사람이 더 강력한 지성을 갖게 되죠. 100번 반복하는 동안 100개의 인사이트를 얻었기 때문입니다. 책만 그런

게 아닙니다. 주변에 자주 가는 동네도, 각종 드라마나 영화
도 다른 질문을 품고 바라보면 이전과 전혀 다른 깨달음을
줍니다.

+ + +

중요한 건 새로운 질문입니다.

질문은 세상을 바라보는

나의 렌즈와도 같아요.

내가 다른 질문으로 바라보면

세상은 다른 답을 보여줍니다.

품위를 완성하는 말의 태도는
2가지가 달라요

책을 많이 읽고 어려운 단어와 근사한 표현을 많이 안다고 품위가 저절로 생기는 건 아닙니다. 세상에는 지적 수준과 교양의 유무에 상관없이 자연스럽게 품위가 느껴지는 사람이 있죠. 품위는 그 사람이 구사하는 말로 결정되고, 말은 결국 태도에서 나온다는 사실을 깨달아야 합니다.

1 이야기에 감정을 진솔하게 담아요

언어는 말하는 사람의 감정을 타고 상대에게 날아갑니다. 같은 말도 다르게 들리는 이유가 바로 거기에 있어요. 대화를 잘한다는 것은 말에 자신의 감정을 잘 담았다는 것을 의미합니다. 사람은 누구나 상대에게 소중한 존재가 되기를 소망하죠. 말할 때 마치 사랑하는 부모님을 바라보는 것처럼 상대를 소중한 마음으로 대하세요. 저절로 좋은 감정이 실릴 겁니다.

2   자기 자신을 잃지 않아야 해요

흔들리지 않는 사람은 그 모습 자체로 근사합니다. 타인의 거친 농담이나 품위를 잃은 말에도 자기 자신을 놓아서는 안 되죠. 마음을 잃는 순간 그들과 같은 수준이 되어버리기 때문입니다. 힘든 순간이 찾아올 때마다 "나는 잃을 게 많은 사람이다"라고 생각하면 도움이 됩니다.

글을 잘 쓰거나 말을 잘하는 건, 품위와 큰 관계가 없습니다. 품위 있게 말하고 좋은 글을 쓰려면, 위에 소개한 두 가지 태도를 갖추고 있어야 하죠.

+++

근사한 내면은 마치 기침처럼

자신의 빛을 감추지 못하고 발산합니다.

그 사람이 발하는 모든 일상의

밝기를 더해 우리는 품위라고 말해요.

말하는 모습과 태도를 바로하고

표현의 수준을 높이면

삶의 중심을 잡을 수 있습니다.

표현의 수준을 높이면

삶의 중심을 잡을 수 있습니다.

나는 내가 부른 세상을
만날 수 있습니다

인생은 거울이다.
얼굴을 찡그리면 똑같은 표정을 짓고,
미소를 지으면 인사를 보낸다.

– 윌리엄 M. 새커리(William Thackeray)

SNS에는 실시간으로 참 많은 글이 올라옵니다. 저는 각종 SNS에 매일 30개 이상의 댓글을 쓰는데, 주로 이런 내용들입니다.

"이번에 시작하신 사업 잘되실 겁니다."

"최선을 다하시니, 곧 빛을 보실 겁니다."

"선생님의 좋은 마음이 좋은 인생을 만들 겁니다."

늘 이렇게 읽기만 해도 기분이 좋아지는 댓글을 쓰며 실제로 그분들의 행복한 미래를 소망하죠. 잘되기를 바라는 저의 마음이 그곳에 반드시 도착하리라 믿기 때문입니다. 누군가가 그를 도울 것이라 생각하지 않고, 일단 나의 글과 말로 그들에게 당장의 희망을 주려고 노력합니다.

저는 시끄럽게 떠들거나 주장하는 행위를 좋아하지 않습니다. 말은 소리가 아닌 정성과 사랑으로 움직이는 생명이기 때문이죠. 일주일 강의 일정이 꽉 차 있는 학원 강사가 자신의 SNS에 "이번 주는 지옥의 레이스다. 그러나, 와우! 이번 주만 견디면 휴가다. 힘들지만 참자"라고 남긴다면, 그 강의를 듣는 학생들은 어떤 생각을 할까요?

"우리는 지옥의 저승사자인가?"

"우리를 가르치는 것이 꾹 참아야 할 정도로 힘든 일인가?"

학원 강사는 별 생각 없이 바쁜 일정을 자랑하기 위해 쓴 글일 수도 있어요. 하지만 그것은 자랑을 위해 사용하기에 너무나 폭력적인 표현이었죠. 대신 그 마음을 이렇게 표현하면 어떨까요?

"이번 주에는 평소보다 더 바쁘니까 정성을 더하자."

"내 이야기를 잘 들어주는 학생이 있어서 행복하다."

이 다정한 표현은 가식이 아닌, 사람을 대하는 최소한의 예의입니다. 돈이나 명예 같은 결과만 보고 가면 그 일이 끝나는 과정이 너무나 힘들어 자신을 지치게 만들어요. 하지만 내 앞에 있는 사람에게 집중하면 오히려 끝이 아쉽게 느껴지죠.

사랑, 행복, 기쁨, 정의 중

내가 원하는 것이 무엇이든

한 번만 더 생각하고 말하면

한 걸음 더 가까워질 수 있습니다.

나의 현재는 내가 선택한 결과의 합입니다.

말로 힘을 주는
지혜로운 사람이 되려면

사람이 사람을 헤아릴 수 있는 것은
눈도 아니고 지성도 아닌
마음뿐이다.

– 마크 트웨인(Mark Twain)

관계에 있어 매우 비효율적으로 작용하는 말 중 하나가 "파이팅!"이나 "힘내세요"와 같은 말입니다. 힘낼 근거는 주지 않고, 말로만 때우는 방식의 응원이죠. 바보가 아닌 이상 스스로 망하거나 어려워지는 과정에서 힘을 내지 않을 사람은 없습니다. 이미 죽을힘을 내며 가까스로 버티는 사람에게 또 힘을 내라고, 파이팅하자고 말하는 것은 듣는 사람 입장에서는 놀리는 것처럼 느껴질 수 있어요. 말하는 사람이 진심이라도 듣는 사람이 그렇게 느끼지 못한다면 그건 진심이 아닙니다. 따스하게 전한 마음을 차가운 마음으로 돌려받지 않으려면 말을 지혜롭게 사용해야 해요.

말을 듣는 사람과 하는 사람 중간에는 도저히 건널 수 없는 강이 흐릅니다. 그 불가능해 보이는 강을 건너기 위해서는 오직 상대를 위한다는 마음이 절실하게 필요해요.

언젠가 경제적으로 조금 어려웠던 시절이었지만, 필요

해서 차를 한 대 샀어요. 한 모임에서 그 사실을 말하자 대부분 "그래? 할부지?", "돈도 없는데 뭔 차야?"라고 말할 때, 단 한 사람만은 저에게 완전히 다른 한마디를 들려주었어요. 바로 이 말입니다.

"참 다행이다."

10년도 더 지난 일이지만 그가 준 이불처럼 따뜻한 마음을 여전히 기억하고 있습니다. 말로 힘을 주기 위해서는 정말 그에게 힘낼 근거를 주든지, 아니면 그가 스스로 힘낼 때까지 묵묵히 기다렸다가 진심을 다해 축복해 줘야 해요. 그렇게 시작한 말은 서로에게 분명한 희망이 됩니다.

+ + +

한 사람을 위로할 최고의 음악은

그 사람을 걱정하며 안아주려는

진실한 마음에서 나옵니다.

나는 정성껏 준비한 선물에

곱게 리본을 달듯

따뜻한 마음을 담아 말합니다.

4장

매일 꿈을 키우며
나도 함께 큽니다

모든 실패는 따뜻한 봄이라는 사실을 잊지 말아요. 아픈 경험이 없는 사람은 아픈 사람을 도저히 이해할 수 없습니다. 그건 경험이 없다면 결코 도달할 수 없는 미지의 세계라서 그렇죠. 그러므로 여러분이 무언가에 실패했다는 것은 실패한 누군가를 위로할 따스한 단어를 가슴에 품게 되었다는 사실을 의미하고, 자꾸만 힘들다는 것은 일이 풀리지 않아 죽음을 생각하는 누군가를 구할 생명의 단어를 가슴에 품었다는 멋진 사실을 의미합니다. 실패해서 실패를 위로할 수 있고, 많이 아파한 덕분에 더 아픈 사람을 진실로 가슴에 품을 수 있습니다. 실패하고 또 실패한 여러분은 결코 패배자가 아닙니다. 더 큰 사람으로 성장하는 중입니다. 여러분의 모든 실패는 따뜻한 봄입니다.

복권 당첨자들이 파산하거나
신용불량자가 되는 이유

바쁜 오늘이니까
오히려 나는 천천히 걷는다.
가을 햇살이 내려오는
소리를 들을 수 있도록.

– 야마오 산세이(Yamao Sansei)

한번 생각해 보세요. 어마어마한 액수의 복권에 당첨된 사람들이 대체 왜 파산하는 것일까요? 갑자기 감당하기 힘든 많은 돈이 생겨서, 혹은 주변에서 자꾸 돈을 쓰라고 유혹을 해서, 그냥 마음 내키는 대로 소비를 해서 등등 이유는 다양할 것입니다. 그럼 이 모든 의견을 관통하는 한 줄은 무엇일까요? 이렇게 생각해 봅시다. 세상에는 다음과 같은 세 가지 일이 있어요.

1   해도 별 의미가 없는 일
2   하면 좋은 일
3   꼭 해야 할 일

수없이 많은 땀을 흘리며 열심히 일해도 별 의미가 없는 일을 하면 실력도, 삶도 나아지지 않겠죠. 따라서 꼭 해야 할 일이 무엇인지, 그것을 찾아내는 게 우선입니다. 마찬가지로 복권 당첨자들 중 다수가 돈을 탕진하는 이유는 단순하게 돈만 갑자기 많아졌지, 정작 자신이 꼭 해야 할 일은 찾지 못한 삶을 살았기 때문입니다.

작가도 마찬가지입니다. 책을 내고 받는 인세가 매년 2회 정도로 몰아서 입금이 되기 때문에 목돈을 탕진하기 쉽죠. 하지만 저는 그날 매우 단순한 선택을 하며 그 지나치기 힘든 소비의 유혹에서 벗어납니다.

"이 돈은 누가 내게 준 것인가? 내 책을 읽는 독자분들이지. 그럼 오늘은 특별히 더 열심히 글을 써야겠다. 나도 보답을 해야 하니까."

아무리 엄청난 일이 생겨도 묵묵히 자신이 해야 할 일을 하며 살면 힘들 게 없습니다. 여러분도 하루가 힘들수록 더욱더 자신이 해야 할 것들을 하면서 스스로를 지키세요. 그런 나날의 반복이 우리를 더욱 멋지게 성장하게 해줍니다.

나는 유혹에 빠지거나 흔들리지 않고

나의 하루를 그저 반복합니다.

내 실력은 모두

그 반복에서 나온 결과입니다.

사랑하는 일을 찾아서
어떤 두려움도 없이 실천하세요

악의가 공격하고
무지가 조롱해도
결국 승리하는 것은 진실이다.

– 윈스턴 처칠(Winston Churchill)

이런 생각은 나쁘지만, 내가 싫어하는 사람의 마음을 힘들게 하려면 어떻게 해야 할까요? 저는 가장 간단하고 쉬운 방법을 하나 알고 있어요. 그에게 열정적으로 환호하는 친구를 한 명 붙여주는 것입니다. 이유가 뭘까요? 누군가 한 사람이 상식을 뛰어넘는 엄청난 사랑을 받으면 같은 일을 하는 친구들이나 주변 선배들의 미움을 사게 됩니다. "저 친구는 뭔데 사람들의 사랑을 받지?", "나랑 별 차이도 없는 것 같은데….", "짜증나네. 내가 실력은 월등한데…." 그 사람에게 환호하는 한 명의 친구는, 그를 비난하는 수많은 비평가를 만듭니다. 환호하는 친구의 숫자가 늘수록 비판자는 더 많이 늘어나죠. 그래서 대개는 그 압박을 견디지 못해 고통의 길로 들어섭니다.

종종 저에게 이런 질문을 하는 사람들이 있습니다.

"제가 작가님이 쓰신 글에 너무 열성적으로 댓글을 쓰

니, 작가님을 싫어하거나 안 좋게 보는 사람들이 늘어나는 것 같아요. 제가 자제를 해야 할까요?"

그럴 때마다 저는 단호하게 답합니다.

"계속하세요. 제가 할 일은 저를 미워하는 사람에게 잘 보이는 게 아니라, 제 글을 읽고 아껴주시는 분들을 위해 그럼에도 또 글을 쓰는 일입니다. 비난은 제가 다 받겠으니 다른 사람의 시선은 조금도 신경 쓰지 마세요."

상황과 사람에 따라 조금씩 표현은 다르지만 의미는 늘 같습니다. 내가 해야 할 일은 인기를 얻고 사랑만 받는 것이 아니라, 내 안에 사랑을 가득 담아 그것을 글로 표현하는 것이기 때문입니다. 누가 날 미워하든, 모멸감을 주든 별 상관이 없습니다. 내게는 나만 할 수 있는, 그래서 꼭 해야 할 일이 있기 때문이죠.

+ + +

내게는 꼭 해야 할 일이 있습니다.
생각만 해도 가슴이 떨리는

사랑하는 일이 있습니다.

누가 뭐라고 비난을 하든 상관없이

나는 내 사랑을 실천하며 살아갈 것입니다.

최선의 나를 만드는 질문은
이게 다릅니다

검은 땅에 뿌려진 씨가 그처럼 아름다운 장미들로 변할 수 있을진대,
별을 향해 가는 인간의 마음이 되지 못할 게 무엇이 있으리.

– G. K. 체스터턴(Gilbert Keith Chesterton)

최근 제가 운영하는 인스타그램에서 이런 감동적인 댓글을 하나 읽었습니다.

"아이와 작가님 책 내용을 필사하고 있습니다. 처음에 '사색이 뭐야?'라고 질문하던 아이는 이제 낯선 단어를 찾아보고 함께 필사를 하며, 자신만의 한 줄을 노트에 적어가기 시작합니다. 작가님의 다음 책도 정말 기대됩니다."

이 글을 천천히 읽어가며 결국 눈물을 흘리지 않을 수 없었습니다. 이 글이 바로 제가 보고 싶었던 세상이기 때문입니다. 책을 읽지 않는 아이에게 독서와 사색을 알게 하고, 스스로 생각하는 어른으로 성장하기를 바라는 마음을 담아 책을 썼기 때문이죠.

어른에게도 벅찬 사색이라는 단어를 아이들을 위해 쓰며 사실 저도 매우 힘들었습니다. 쉽게 갈 수도 있었지만 사색이라는 단어를 포기하고 싶지 않아 스스로 어려운 길을 선택해서 몇 년의 시간이 지나는지도 모른 채 걸었습니다. 그렇게 도착한 곳이 바로 여기입니다. 덕분에 여러분이 이 책을 읽게 된 것이죠.

무언가를 바꾸고 싶다면, 내가 보고 싶은 세상이 가슴과 머리에서 사라지지 않고 나를 간절하게 부른다면, 최선을 다해야 합니다. 최고는 타인을 이겨야 얻을 수 있는 말이지만, 최선은 그날그날의 자신을 극복해야 비로소 누릴 수 있는 말이라서 더욱 귀합니다. 최선은 간절하게 원하는 삶을 사는 자신에게 줄 수 있는 최고의 찬사입니다. 그 찬사를 놓치지 마세요.

최선은 가장 좋고 훌륭한 것이며, 온 정성과 마음을 쏟은 상태를 말합니다. 그래서 저는 최고라는 표현보다 최선이라는 표현을 많이 아낍니다. 내가 도달할 수 없는 까마득한 하늘을 바라보며 허덕이는 느낌이 최고라면, 최선은 지금 당장 안에서 꺼낼 수 있는 모든 것을 알차게 내어 주는 느낌이기 때문입니다. 말하자면, 최선은 사랑하는 사람을

위해 자신의 모든 것을 전하는 기분이 들어요. 현실적이며
동시에 참 따스한 느낌입니다.

+++

불평을 아무리 많이 해도 인생이 달라지지 않습니다.

내가 노력해서 세상을 바꿀 힘을 가져야

원하는 세상으로 만들어나갈 수 있습니다.

분노와 시기로 도달할 수 있는 곳은

오직 후회라는 섬밖에 없습니다.

인생이 술술 풀리는
사람의 비밀

사람은 자신의 기대 수준 너머로는
날아오르지 않는다.

– 글렌 밴 에커렌(Glenn Van Ekeren)

글의 제목이 조금 자극적이죠? 하지만 대부분의 사람이 마음속으로 이런 인생을 바라고 있을 겁니다.

"아, 왜 내 꿈은 이루어지지 않는 걸까?"

"저 친구는 이미 잘 되고 있는데, 나는 왜 항상 이 모양이냐!"

"난 운까지 지지리도 없는 건가?"

간혹 이런 생각에 자신의 운명까지 탓하는 사람을 봅니다. 하지만 그건 결코 운명이나 운의 영역이 아닙니다. 여러분이 그 분야의 초보이거나 능력이 없어서입니다. 어떤 영역이든 초보일 때는 좋은 제안이 별로 오지 않습니다. 하지만 전문가가 되어서 너무 바쁜 일상 때문에 제안을 거절할 정도가 되면, 듣기만 해도 기분 좋은 제안이 쏟아지기 시작합니다. 그땐 오히려 제안이 오면 "이걸 또 어떻게 거절해야 할까?"라는 생각부터 하게 되죠. 도저히 다 맡을 수 없을 정도로 바빠서 그렇습니다.

어찌 보면 불공평하다고 생각할 수도 있어요. 그래서 세상의 모든 좋은 것들은 그게 절실하게 필요할 때가 아니라, 거절할 정도의 수준에 도달했을 때 반복해서 만나게 된다는 사실을 꼭 기억해야 합니다. 마찬가지로 능력이 없을 때, 인맥을 만들고 싶어서 아무리 애를 써도 들인 노력만큼 잘 형성이 되지 않아요. 그러나 일단 능력이 생기면 인맥은 마치 부록처럼 저절로 따라오죠. 하지만 그땐 반대로 자신에게 능력이 있어서, 정작 인맥이 별로 필요하지 않게 됩니다. 지금은 쉽게 이해가 되지 않을 수도 있지만, 대학생이 되고 사회에 나가면 절실하게 경험하게 될 겁니다. 지금부터 마음의 준비를 하며 자신을 강하게 다지는 시간을 갖는 게 좋아요. 그래야 더 꿋꿋한 마음으로 하루를 살며 자신의 꿈을 이룰 수 있으니까요.

+++

결국 인생은 나만 잘하면 뭐든 다 쉽고
내가 잘하는 게 없으면 모든 게 다 어렵습니다.
그러나 지금 어렵다고

굳이 자신을 책망할 필요는 없습니다.

어렵다는 건 '잘되는 과정이라는 열차'에

내가 타고 있다는 증거이니까요.

중간에 내리지만 않으면 원하는 곳에 도착합니다.

잘하는 건
조금도 중요하지 않아요

자신을 사랑하면
모든 것이 제대로 굴러간다.
무언가를 성취하고 싶다면
진실로 자신을 사랑하라.

– 루실 볼(Lucille Ball)

"나는 왜 이렇게 농구를 못하는 걸까?"

"나는 일기 하나 쓰는 것도 왜 이렇게 힘든 걸까?"

"왜 나만 이렇게 뒤처지는 걸까?"

간혹 이런 생각이 들어서 괜히 자신이 미워지기도 합니다. 그런데 전혀 그럴 필요가 없어요. 비밀을 하나 알려드릴게요. 저는 농구할 때 슛에 실패한 적이 한 번도 없습니다. 이유가 뭘까요? 실력이 워낙 뛰어나서 그런 걸까요? 그렇지 않아요. 슛을 한 번도 시도해 본 적이 없어서 실패한 경험도 없는 거죠.

그럼 이렇게 생각할 수 있어요. 지금 내가 100번 슛을 던져서 10개가 들어간다는 것은 실력이 없다는 게 아니라, 실력이 점점 좋아지고 있다는 사실을 의미합니다. 모든 결과는 아름다워요. 그건 내가 지금보다 더 잘하기 위해 무언가를 시도했다는 증거이기 때문입니다. 못할 것 같아서 시도조차 하지 않는 게 가장 어리석죠. 그런 사람은 죽는 날까지 슛을 한 번도 던지지 않을 테니까요. 여러분은 시도한 적이 없어서 실패한 적도 없는 하루를 살고 싶은가요? 아니면 점점 나아지는 하루를 살고 싶은가요? 선택은 언제나 자신의 몫이고, 과정과 결과는 선택한 자만이 만날 수 있는 일상의 기적입니다.

+ + +

얼마나 잘했느냐는

그리 중요한 게 아닙니다.

나는 점점 나아지고 있고

결국에는 원하는 모습으로

멋지게 성장하게 될 것입니다.

내 감정을 망치는
상황에서 벗어나는 법

구름이 짙게 낀 날엔
태양이 있다는 생각을 하기 어렵지만
태양은 언제나 그 구름 위에 떠 있다.

– 쉬넨스(L. J. Schenens)

대화를 다 끝낸 후에 습관적으로 혼자 이런 식의 기분 나쁜 뒷말을 하며 사라지는 사람이 있습니다.

"대체 책상에 둔 책은 언제 치우는 거야?"

"웃기네, 키도 작으면서 나랑 시합을 하겠다고?"

"성적도 오르지 않으면서 학원은 왜 다녀!"

상대는 친구일 수도, 혹은 부모님이나 주변 어른들일 수도 있습니다. 중요한 건 '상대가 누구냐'가 아니라 '어떤 방식으로 대처할 것인가'입니다. 작은 소리로 들리는 이런 방식의 뒷말은 듣는 사람 입장에서는 매우 피곤하며, 얼굴을 마주하며 대화를 나눌 때보다 심한 짜증이 밀려옵니다.

"대체 왜 뒤에서 속삭이는 거야?"

감정을 망치는 이런 상황에서 벗어나고 싶다면, 흥분하지 말고 일단 그 자리를 벗어나야 합니다. 그리고 다음과 같은 3단계 과정을 통해서 감정을 진정시키는 게 좋아요.

1   일단 분노한 마음을 진정시켜야 해요

이해해요. "지금 뭐라고 했어!"라는 말로 분노를 풀고 싶겠죠. 하지만 그럼 서로에게 남는 것이 별로 없어요. 화가 난 상태에서는 이성이 작동하지 않기 때문입니다. 추운 겨울에는 따스한 곳으로 몸을 옮겨야 하는 것처럼 일단은 그 자리에서 벗어나야 해요.

2   내 잘못이 아니라는 마음을 가져야 합니다

"투정이나 불편해서 이루어지는 모든 뒷말은 결국 뒷말을 한 사람의 몫이다"라고 생각하세요. 중요한 건 내 마음의 평안입니다. 모든 처리는 그들의 몫이라고 생각하세요.

3   생산적인 일에 몰두해야 합니다

그 자리를 벗어나라는 말이 자신이 해야 할 일을 소홀히 대하자는 뜻은 아닙니다. 그 자리에서 벗어난 후, 혼자

조용히 생각하며 앞으로 어떻게 행동할지 결정하는 시간을 보내세요. 그리고 마음이 진정되면 내가 생각한 그 일을 시작하면 됩니다.

이 모든 과정이 말로는 매우 간단해 보이지만, 1단계에서 그 자리를 벗어나지 못하고 싸움을 시작하면 모든 게 엉망이 됩니다. 감정이 복잡해질수록 쉽게 생각하세요. 뒷말은 그 사람의 버릇입니다. 고치기 힘드니 일단 그 자리에서 벗어나는 게 현명하죠. 혼돈의 공간에서 벗어나 자신이 감정을 스스로 제어할 수 있는 곳에서, 조용히 앞으로의 행동을 결정하는 시간을 갖는 게 지혜로운 선택입니다.

+ + +

차분하게 대처하는 것보다
현명한 대응은 없다는 사실을 기억하면
일상을 망치는 부정적인 상황에서
쉽게 벗어날 수 있습니다.

실수할 용기를 낸 사람만이
다시 도전할 수 있어요

우리가 먼저 씨를 뿌리지 않고
눈물로 밭이랑에 물을 주지 않고서
잘 여문 황금빛 이삭을 거둘 수는 없다.

– 요한 볼프강 폰 괴테(Johann Wolfgang von Goethe)

실패를 성공으로 이끄는 사람에게는 다른 사람에게는 없는 두 가지 용기가 있습니다. 하나는, 자신의 실수를 인정할 용기입니다. 실수는 그 자체로 빛이 나서 누군가 실수를 하면 바로 눈치챌 수 있어요.. 하지만 어떤 사람은 자신의 실수를 숨기거나 다른 사람에게 떠넘기려고 거짓말을 하죠. 그들의 행동과 그로 인한 결과를 두 줄로 압축해서 표현하면 이렇습니다.

"우리는 실수를 저지른 사람은 바로 알아챌 수 있다.
하지만 거짓말로 숨기는 자는 도저히 발견할 수 없다."

그들은 자신의 실수를 인정하지 않아서 인생 최고의 자산인 실수를 제대로 활용하지 못하는 삶을 살게 됩니다. 숨기고 억지로 포장하느라 오히려 시간을 낭비하죠. 만약 지금 여러분이 그런 안타까운 삶을 살고 있다면, 자신에게 이렇게 질문해 보세요.

"나는 왜 그 귀한 것을 숨기는가?"

또 다른 하나는, 실력과 운을 명확하게 구분할 용기입니다. 뭐든 자신이 원하는 것이 이루어지는 모습을 목격하는 건 멋진 일입니다. 그러나 세상에는 우연한 기회로 내게 와서 얽힌 것들을 풀어주는 운이 존재하기 마련이죠. 그럴 때 누군가는 "이건 운이 도와준 일이다"라고 고백하지만, 다른 누군가는 "내가 다 했다. 운이 있었다면 그것도 나의 실력이다"라며 운의 역할을 자꾸만 지우려고 합니다. 하지만 멈추지 않고 성장하려면 실력과 운을 철저하게 구분해야 합니다. 그래야 자신의 현재 수준을 제대로 알 수 있고, 무엇이 부족하며 어디에 시간을 투자해야 할지 가늠할 수 있기 때문입니다.

마치 근사한 그림을 감상하듯, 여러분의 실수를 관찰하고 분석하고 통찰하세요. 성장으로 가는 지도는 실수라는 흔적 위에만 그려지는 법이니까요.

세상에서 가장 불쌍한 사람은

실수하는 자가 아니라

자신의 실수를 인정하지 않고

몰래 지우는 자입니다.

나는 내 실수를 있는 그대로

인정하며 바라보겠습니다.

5장

성장

내가 반복하는 것들이
나의 미래를 만듭니다

나태한 일상에 익숙해지지 마세요. 행운에 기대어 사는 삶에 의지하지 말아요. 가진 것을 뽐내는 일상에서 벗어나야 해요. 외면에 빠져서 사는 헛된 나날도 경계해야 합니다. 잠시 빛나는 것들은 곧 사라지고, 낯선 것들은 아주 천천히 익숙해지죠. 지금은 낯설어 보이지만 좀 더 소중한 것들에 시간과 노력을 투자하기로 해요. 저는 세상에서 가장 무서운 힘을 알고 있습니다. 바로 '시간이 나를 길들인다'라는 사실입니다. 소중한 것들에 시간을 투자하면, 언젠가 그 투자한 시간이 나를 지켜주는 날이 찾아옵니다.

남을 위해서 한다고
생각하지 마세요

너으 마음이 어느 길로 가고자 하는지
잘 들어보아라.
그르고 온 힘을 다해 그 길로 가라.

– 마틴 부버(Martin Buber)

"고생하는 부모님을 위해서 열심히 공부해야지."

간혹 이런 생각을 할 때가 있을 겁니다. 꽉 안아주고 싶을 정도로 아주 따스한 생각입니다. 그런데 하나 묻고 싶어요. 그런 생각을 하면 정말 열심히 공부하게 되나요? 아마 쉽지 않을 겁니다. 왜 그럴까요? 그 안에 여러분이라는 존재가 없기 때문입니다. 부모님을 위해서 열심히 공부한다는 생각은 기특하지만, 그 문장은 사실 앞뒤가 맞지 않습니다. 이유는 간단해요. 공부는 나 자신의 미래를 위해서 하는 것이기 때문입니다. 정말 중요한 부분입니다. 오늘 하루를 꿋꿋하게 살며 내일 조금 더 성장한 내가 되려면, 이것부터 제대로 알아야 합니다.

'내가 나 자신에게 헌신할 수 있어야 한다.'

'헌신'은 자신이 원하는 무언가를 해내기 위해 스스로 노력하기로 결정한 굳센 마음을 표현한 말입니다. 내가 선택했으니 중간에 어떤 어려움이 있어도 멈추지 않을 수 있고, 모든 과정에서 경험한 실수와 실패까지도 삶의 지혜가 되어 내 안에 남습니다. 하지만 남을 위해서 무언가를 한다고 생각하면 모든 것이 달라집니다. 왜 그걸 해야 하는지 이유를 알지 못해서 자꾸 불만이 생기고, 나중에는 무언가를 바라는 마음이 듭니다.

"(엄마 아빠를 위해서) 공부 열심히 했으니 게임 더 하게 해줘"라는 말이 대표적이죠. 공부는 나를 위해서 스스로 선택해서 한 일인데, 왜 대가를 요구하나요? 공부도 나를 위해서 하는 것이고, 운동과 규칙적인 생활도 마찬가지로 나 자신을 위해서 하는 일입니다. 나를 위한 일을 열심히 한다고, 혹은 좋은 점수를 받았다고, 부모님께 무언가를 요구한다는 것은 앞뒤가 맞지 않는 어리석은 생각이죠. 오히려 그걸 편안하게 할 수 있게 도와주신 부모님께 감사할 일입니다.

+ + +

공부와 독서, 운동과 좋은 태도

이 모든 삶의 소중한 것들을

나는 나를 위해서 하고 있습니다.

헌신은 자신이 가치 있다고 여기는 것들을

마음을 다해 이루어내는 것에서 출발합니다.

결핍은 어떻게
삶의 철학이 되는 걸까요?

나에게 1은 누군가에게 100이다.

그 1을 귀하게 여겨라.

– 틱낫한(Thich Nhat Hanh)

성공한 운동 선수들의 이야기를 들어보면, 운동을 시작하게 된 계기가 매우 유사하다는 사실을 알게 됩니다. 지금은 탄탄한 몸을 가진 보디빌더이고, 누구보다 빠른 단거리 달리기 선수이지만, 그들의 시작은 의외로 결핍일 가능성이 높습니다.

실제로 건강이 좋지 않아서, 몸이 약해서, 아니면 나약한 마음을 물리치기 위해서 운동을 시작했다고 이야기하는 분이 많죠. 타고난 운동 신경이 좋은 경우에는 취미로 즐기는 경우가 많지만, 오히려 결핍으로 시작한 운동이 그 사람을 선수로 이끄는 것입니다. 참 놀랍고 신비롭습니다. 그러나 여기에는 분명한 이유가 있어요.

세상에는 다양한 영역에서 활동하는 수많은 전문가가 있습니다. 그들은 어떻게 그 일을 선택해서 그 분야의 전문가가 되었을까요? 그들의 시작도 사실은 결핍이었습니다.

이해하기 쉽게 말하면, 상담이 필요한 사람이 훗날 상담가로 성장합니다. 이건 부정적인 사례가 아닙니다. 아픈 자신을 상담해야 했기에 그들은 스스로 상담가가 되었던 거죠. 마음의 고통을 심하게 겪는 사람이 마음을 치유하는 전문가로, 관계에서 아픔을 겪는 사람이 관계전문가로 이름을 알리게 됩니다. 이유가 뭘까요?

"그 일에 대해 치열하게 아파한 사람만이
그 일에 대해 누구보다 뜨겁게 고민하고,
오래 고민한 사람은 반드시 답을 찾기 때문입니다."

여러분은 무엇으로 아파하나요? 만약 지속적으로 여러분을 괴롭히는 것이 있다면, 그것을 당신의 직업으로 삼으라는 신호일 가능성이 높아요. 지금 아파한 순간이 훗날 아픈 사람을 돕는 지성의 자본이 되고, 지금 울었던 나날이 훗날 우는 사람을 이해할 근거가 되니까요.

아프다고, 울고 싶다고 주저앉지 않습니다.

나의 결핍은 내가 성장할 최고의 근거입니다.

나는 고통을 겪는 것이 아니라

살아갈 자본을 쌓고 있는 중입니다.

나를 망치는 욕망을
지혜롭게 다스리는 법

피곤한 사람은 딱딱한 돌 위에서도 코를 골지만
게으른 이는 부드러운 털 베개도 딱딱하게 느낀다.

– 셰익스피어(William Shakespeare)

"누구나 쉽게 마스터 할 수 있습니다."

"누구나 세 달이면 1등급으로 성적이 올라갑니다."

여러분은 이런 이야기를 들으면 어떤 생각이 드나요? 저는 주제가 무엇이든 이런 말을 믿지 않습니다. 세상에 쉬운 일은 없으니까요. 반대로 이런 문장을 믿습니다.

"너무 힘들어서 중간에 절반 이상은 그만둡니다."

"1년 이상은 최선을 다해야 등급을 올릴 수 있습니다."

글쓰기, 어학, 각종 기술을 배우는 것 등 세상에 존재하는 거의 모든 일이 그렇습니다. 도전자의 절반 이상은 언제나 중간에 그만둡니다. 학원에서는 돈을 낸 후 금방 포기하는 사람들이 많다는 걸 알고 "쉽고 빠르게 배울 수 있습니다"라는 문구로 유혹하는 거죠. 가장 쉬운 예를 들면, 다이어트를 결심한 후 엄중한 표정으로 피트니스센터에서 1년 회원권을 결제하고, 겨우 3일 정도 나간 후 나머지 362일은 아예 잊고 사는 사람들이 그렇습니다. 업체 입장에서는 365일 열심히 다니는 사람보다, 3일만 다니고 나오지 않는 사람이 더 이득이지요. 그러면 누구에게, 어떤 방식의 말로 유혹해야 돈을 벌 수 있을까요?

답은 간단합니다. "쉽다, 쉽다, 아주 쉽다!"이겠죠. 하지만 정말 중요한 사실을 하나 전합니다. '쉽다'라는 유혹에 빠지면, '어렵다'라는 소중한 가치를 영원히 모른 채 살게 됩니다. 쉬운 방법은 좋은 방법이 아닐 가능성이 높습니다. 어려워야 생각하게 되고 그 과정에서 성장하게 되죠. 생각하는 게 귀찮은 사람들은 중간에 그만두지만, 그 기나긴 과정을 견딜 수 있다면 '다른 이의 방식'을 '나의 방식'으로 옮길 방법을 찾아낼 수 있습니다. 어렵게 배워야 그 안에 과정이 준 경험을 녹여 넣을 수 있습니다. 그러니 누군가 여러분에게 "가장 쉬운 방법을 알려주겠다"라고 말하면, "내게 필요한 건 가장 어려운 방법이다"라고 답하세요.

+ + +

나를 더 힘들게 하는 방법이

내게 진짜 도움이 되는 방법입니다.

나는 무엇도 쉽게 생각하지 않습니다.

멋지게 해내려면 참고 견디는 시간이 필요합니다.

말을 잘하고
글을 잘 쓰는 사람들의 비밀

만족하며 잠자리에 들려면
아침마다 결단하며 일어나야 한다.

– 조지 호레이스 로리머(Charles Horace Lorimer)

　말을 잘한다고 소문이 난 유명 강사들을 만나서 대화를 나눠보면 금방 이런 공통점을 발견할 수 있어요. '이들은 결코 말을 잘하는 사람이 아니었구나!'

　이게 대체 무슨 말일까요? 그들은 대부분 자신이 강의에서 말할 내용을 최소한 한 달 동안 하루 24시간을 모두 투자해서 모조리 암기합니다. 두 시간 분량의 강연을 아예 외우는 것이죠. 이유는 간단해요. 모든 내용을 암기해야 실제 강연장에서 자연스럽게 즉흥적으로 나오는 '애드리브(ad lib)를 기대할 수 있어서'입니다. 매우 중요한 지점입니다. 그들의 빛나는 애드리브는 강연 내용을 장악할 정도로 암기한 시간에 있었던 것이죠.

　세상에 무언가를 타고난 사람은 별로 없습니다. 특별한 것을 얻으려면 언제나 특별한 노력을 해야 해요. 물론 그걸 모르는 사람들은 그들이 엄청난 능력을 타고난 것처럼 보일 것입니다. 그러나 가까이 다가가서 보면 그들의 삶은 대부분 너무나 치열해서 눈물겹죠.

제가 지난 30년 넘게 반복하는 루틴 역시, 그 존재 이유는 간단하고 명확합니다. 제가 글을 쓰는 반경은 매우 넓어서 총 열 가지 분야에 대한 책을 쓰고 있습니다. 누구나 같은 하루를 살아요. 저에게만 특별히 긴 하루가 주어지는 것이 아닙니다. 그럼에도 제가 다양한 글쓰기의 영감을 얻을 수 있는 힘은 어디에 있는 걸까요? 바로 매일 원고지 50매 분량의 글을 쓰는 루틴에 있습니다.

제 루틴은 마치 강사가 두 시간 동안 할 말을 모두 암기하는 것처럼, 제 하루를 단단하게 잡아주는 안전장치와도 같습니다. 그들이 모두 암기한 내용을 강연하며 스스로도 짐작하지 못한 애드리브를 구사하는 것처럼, 저도 루틴이라는 장치를 통해서 다양한 영감을 찾아내고 글로 변주하고 있죠.

다시 말하지만 세상에 무언가를 타고난 사람은 별로 없습니다. 있다고 해도 그들은 우리의 경쟁 상대가 아니라서

만나기도 힘들어요. 이 사실을 꼭 기억하세요. 우리가 경쟁
해야 하는 사람들은 특별한 노력으로 아주 조금씩 자신을
성장시킨 보통의 사람들입니다.

+++

먼저 자신의 삶을 장악해야 합니다.

그리고 특별한 노력을 매일 반복해야 하죠.

굳게 닫혀 있는 성장이라는 비밀의 방은

특별한 하루라는 열쇠로만 열 수 있습니다.

지혜로운 사람은
자신을 좋아하는 사람들에게 충실합니다

만약 누군가를 설득하려 한다면,
먼저 당신이 그의 진실한 친구라는 것을 알게 하라.
거기에 그의 마음을 사로잡는 한 방울의 꿀이 있다.

– 에이브러햄 링컨(Abraham Lincoln)

살다보면 참 다양한 일이 일어납니다. 그때마다 흥분해서 분노하고 소리를 지르면 나만 더 힘들어집니다. 스스로 자기 감정을 치유할 수 있다고 믿는 마음이 중요하지만 이런 생각이 우리를 자꾸 두렵게 만들죠.

"저 친구가 나에 대한 안 좋은 소문을 내고 다니면 어쩌지?"

어떤 일을 계기로 누군가와 관계가 악화되면, 나를 미워하는 그 사람을 보며 괜한 걱정을 하게 됩니다. 걱정은 그때부터 우리를 이런 방식으로 괴롭히죠.

"내가 저 사람을 달래야 하나?"

"사람들에게 나는 그런 사람이 아니라고 미리 말할까?"

"대체 나는 어떻게 행동해야 하는 거야!"

수많은 고민들이 우리를 잠들지 못하게 만듭니다. 이럴

때는 다음과 같은 생각으로 마음을 지켜야 합니다.

“자신을 좋은 상태로 두려는 마음이 중요합니다.
그래야 자신을 스스로 치유할 수 있죠.
좋은 마음은 끝없이 멀리 퍼지지만,
나쁜 마음은 시작하자마자 힘을 잃습니다.
타인을 향한 비난과 분노에는
앞으로 나갈 힘이 없기 때문입니다.”

이제 쓸모없는 걱정은 저 멀리 던지고, 나를 미워하는 사람과 힘들게 하는 상황에서 벗어나세요. 그리고 사랑하는 사람을 더 많이 생각하는 게 좋습니다. 늘 곁에서 온기를 나눠주는 사람들에게 조금 더 사랑하고 고마운 마음을 전해주세요. 미움은 우리를 멈추게 하지만, 사랑은 우리를 앞으로 나아가게 합니다. 사랑하는 사람들과의 순간은 그렇게 영원히, 아름답게, 찬란하게 빛납니다.

나를 좋아하는 사람 몇 명은

내 삶을 아름답게 바꿀 수 있지만

나를 미워하는 사람 몇 명은

절대로 내 삶에 영향을 줄 수 없습니다.

도움을 주는 사람이 되고 싶다는
마음을 가져요

빵이 사람을 살리는 것이 아니라
빵 하나에 담긴 사랑이 사람을 살리는 것이다.

– 테레사 수녀(Mother Teresa)

음악, 미술, 건축, 기획, 마케팅, 철학 등 세상에 존재하는 그 수많은 일에서 우리가 대가라고 부르는 사람에게 "당신을 여기까지 이끈 힘이 무엇입니까?"라고 물으면 그들은 바로 이렇게 답합니다.

"도움을 주는 사람이 되고 싶었습니다."

대가라고 보통 사람들과 멀리 떨어져 있거나, 우리가 범접할 수 없는 사람은 아닙니다. 그들은 그저 하나의 일을 선택해서 남들보다 오래 그 일을 한 사람입니다. 누구나 스스로 선택한 일을 오래 지속하면 대가가 될 수 있어요.

여러분도 마찬가지입니다. 다만 우리가 얻기 힘든 것은, 그들 모두가 품고 있는 '도움을 주는 사람이 되고 싶다는 마음'입니다. 인간의 욕심이 그 마음을 자꾸 지우기 때문이죠. 욕심이란 물질적인 것만 의미하는 것이 아닙니다. 타인에게 잘 보이고 싶은 마음, 하나를 하고 둘을 한 것처럼 보

이려는 마음, 자신에게 없는 지식을 있는 것처럼 숨기려는
마음이 모두 욕심이죠. 그걸 버리는 게 중요합니다.

욕심을 버리고 자신에게 솔직해지면, 누구나 도움을 주
려는 마음을 가질 수 있습니다. 평생 하고 싶은 무언가를
선택했다면 돈과 가치는 모두 잊고 누군가에게 도움이 되
려는 마음만 품고 시작해 보세요. 후회하지 않을 겁니다.

+ + +

당장 유명해지고 싶고

돈을 많이 버는 사람도 되고 싶은 게

인간이 가진 자연스러운 욕망입니다.

하지만 그 모든 것에 앞서서

도움을 주려는 마음을 갖는 게 우선입니다.

도움을 주려는 마음은 결코 실패하지 않으니까요.

자기만의 루틴과 원칙을
가져야 합니다

오직 열중하라.
그러면 마음이 달아오를 것이다.
시작하라.
그러면 그 일이 완성될 것이다.

– 요한 볼프강 폰 괴테(Johann Wolfgang von Goethe)

　여러분에게는 특별히 반복하는 루틴이나 삶의 원칙이 있나요? 저는 쓰고 사색하는 일을 수십 년간 지속했습니다. 매일 원고지 50매 이상의 글을 쓰고 있으며, 무엇보다 중요한 건 30년 가까이 멈추지 않고 그 일을 지속했다는 사실이죠. 지금까지 발간한 120권의 책이 그 하루하루의 루틴을 증명합니다.

　많은 사람들이 제게 그렇게 힘들고 지루한 일을 어떻게 긴 시간 동안 해왔냐고 묻습니다. 하지만 조금도 어렵지 않아요. 내가 사랑하는 사람들에게 가장 좋은 것만 전하고 싶다는 마음의 결과입니다.

　물론 그런 마음을 품는 게 쉽지는 않습니다. 중요한 건 언제나 마음이죠. 처음부터 완벽한 루틴을 갖는 건 어렵습니다. 하지만 관점을 이렇게 바꾸면 그리 어려운 일도 아닙니다.

1   나는 돈이 아닌 나의 사명감으로 움직인다.

2   내가 반복하는 것이 나를 만든다.

3   나는 내면의 소리에만 귀를 기울인다.

4   부정적인 생각은 조금도 하지 않는다.

5   가능하다는 생각에서 모든 계산을 시작한다.

이렇게 세상이 부여한 가능성을 지우고 우리 마음에 담은 믿음이 부여한 가능성만 생각하는 것입니다. 내면의 진실된 목소리에 귀 기울이고 긍적적인 마음으로 그 소리를 따라 힘차게 걸어가세요. 세상이 정한 원칙과 기준은 언제나 멋진 인생을 살기에는 너무 지루해요.

근사한 인생을 살고 싶다면 세상이 아닌 자신의 원칙을 적용하며 살아야 합니다. 그러면 내가 원하는 세상이 저절로 따라옵니다.

+ + +

뭐든 일단 시작하는 게 좋습니다.

잘하는 방법은 시작한 후

과정에서 찾아내면 되는 거죠.

꾸준히 반복한 사람만이

자기만의 방법을 찾아낼 수 있습니다.

6장

생각

내가 가진 생각의 수준이
곧 내가 만날 현실의 수준입니다

우리가 생각하는 이유는 자신의 가치를 정확하게 판단하기 위해서입니다. 자신의 가치를 숫자로 정확하게 밝히는 것을 냉정하거나 돈만 아는 사람이라고 폄하하지 마세요. 자기 가치에 대해 치열하게 사색한 사람만이 보여 줄 수 있는 그 사람의 숭고한 정신이니까요. 자신의 시간당 가치, 더 나가서는 분당 가치까지 철저하게 정하고 원칙대로 지킬 수 있어야 비로소 세상에 존재하는 수많은 생물과 무생물의 가치도 측정할 수 있습니다. 자신의 가치도 제대로 모르고 세상에 나온 사람은, 지금 자신이 무슨 말을 하고 있는지도 모르면서 그 이야기를 듣고 상대가 이해하기를 바라는 사람과 같습니다. 혼란스러운 세상에서는 일단 흔들리지 않아야 제대로 볼 수 있고, 무언가를 손에 쥘 수 있습니다. 다른 사람이 본 세계가 아닌 내 두 눈으로 확인한 세계의 모습이 중요합니다. 깊은 생각을 통해서 여러분 안에 녹아 있는 가치를 먼저 읽으세요. 그러면 세상은 저절로 읽힙니다.

시인 이백(李白)은
달을 무엇이라고 불렀을까?

생각하는 대로 살아라.
그렇지 않으면
나중엔 사는 대로 생각할 것이다.

– 폴 발레리(Paul Valery)

8세기에 활동했던 당나라 때의 낭만주의 시인이자, 중국 역사상 가장 위대한 시인으로 불리는 이백은 과연 달을 무엇이라고 불렀을까요? 그는 자신의 시를 통해 달에 대한 생각을 이렇게 밝혔습니다.

"내가 어렸을 때는
달이란 말을 알지 못하여,
'백옥의 쟁반'이라 불렀노라."

여기에서 중요한 건 시가 아닙니다. 그가 달을 자기 생각으로 표현했다는 것이 핵심이죠. 아직 세상이 이름을 지어주지 않았지만, 그는 나름의 의미를 더해 자기만의 이름을 지어서 달을 백옥의 쟁반이라고 불렀습니다.
"무언가를 이해하려면 불러야 하고,
부르기 위해서는 이름이 있어야 가능합니다."

　물론 이 모든 과정이 그냥 이루어지는 건 아닙니다. 먼저, 그는 아주 오래오래 그 자리에 멈춰 서서 달을 바라보았을 것입니다. 그렇게 오랜 생각 끝에 무언가를 깨달은 그는 속으로 이런 말을 했을 겁니다.

　"세상이 아직 이름을 지어주지 않았더라도,
　시인이라면 그 사물에 대해 모를 수가 없지.
　알 때까지 절대로 관찰을 멈추지 않았을 테니까.
　달아, 이제 너도 내 눈에 조금씩 보이기 시작한다."

　시대가 달라도 마찬가지였습니다. 세상은 언제나 트렌드에 부합한 빠르게 만든 것들을 요구했죠. 하지만 자신이 어디로 가는지 알지도 못하면서 무작정 뛰는 사람들 중 갑자기 몇몇 사람들이 그 자리에 멈춰 섰습니다. 그리고 "이건 분명 아니야"라고 강하게 외쳤습니다. 그 순간 그들은 현실에 안주해서 얻는 이익에서 벗어나 영원한 것을 바라보는 삶의 가치를 발견하게 되었습니다. 비로소 생각이라는 것을 하기 시작한 것입니다.

잊지 마세요. 생각하는 자가 멈출 수 있는 게 아니라, 멈출 용기를 낼 수 있는 자만이 생각이라는 행운을 잡을 수 있습니다.

+++

오직 안주만을 위해 태어난 규칙과 원칙,

껍데기만 화려하게 포장한 쉬운 정답은

멈출 용기를 낸 자에 의해서 모두 지워졌습니다.

이제 나도 생각을 시작하겠습니다.

그렇게 삶이라는 우주를 건너는 멋진 나에게

별과 달이라는 선물을 전하겠습니다.

나는 왜 그렇게
생각하는가

바람의 방향을 읽어서 연을 날리면
연이 저절로 하늘을 날 듯,
마음속을 살필 줄 아는 사람만이
삶이라는 하늘을 자유롭게 날 수 있다.

\- 가이 핀리(Guy Finley)

한국인이 자주 찾는 순례길인 산티아고에 사는 한 사람이, 하루는 그곳을 찾은 한국인에게 이런 질문을 했다고 합니다.

"한국에 전쟁이라도 났습니까? 한국 사람들이 여기에 다 모인 것 같아요."

마치 유행처럼 수많은 사람들이 풀리지 않는 문제에 대한 답을 찾기 위해 여기저기로 떠납니다. 산티아고를 비롯해서 국내로, 혹은 유럽이나 오지로 떠나 "대체 인생이란 무엇인가?"라는 질문에 빠져 많은 시간을 보내고 돌아오죠. 그러나 그들의 입에서 무언가 확실한 답을 찾았다는 이야기는 들어본 적이 없습니다. 그저 떠나기 전처럼 다시 한숨을 내쉬며 일상을 살아갈 뿐입니다. 왜 그럴까요? 저는 그들에게 오히려 이렇게 묻고 싶습니다.

"왜 자꾸 묻기만 하나요? 중요한 건 나는 어떻게 생각하는지, 그 사실을 확인하는 것입니다."

무언가 풀리지 않는 문제가 있다면, 지금 우리에게 필요한 질문은 바로 이것입니다.

"나는 왜 그렇게 생각하는가?"

"다른 사람이 그러더라고요."

"뉴스에서 나온 말인데요…."

"책에서 봤어요."

"강연에서 들은 말인데요…."

이런 식으로 주장하는 모든 의견은 내 생각이 아닙니다. 말의 중심에는 반드시 "나는 왜 그렇게 생각하는가?"에 대한 자기만의 확실한 답이 존재해야 해요. 누구에게나 생각은 있습니다. 하지만 왜 그렇게 생각하는지 자기만의 이유를 말할 수 없는 자는, 이유를 말할 수 있는 자들의 명령 아래에서 살게 되죠. 더욱 고통스러운 것은 그런 사실조차 모른 채 이용만 당한다는 것입니다.

+ + +

나는 언제나 나 자신에게 묻습니다.

나는 왜 그렇게 생각하는가?

그래서 어떻게 할 것인가?

이렇게 스스로에게 질문을 하면

꼬여 있던 문제들이 풀리기 시작합니다.

생각의 수준을 높이려면
혼자를 견딜 힘이 필요해요

인간의 첫 스승은
자신의 마음이다.

– 인디언 속담

저도 그랬지만 우리는 대부분 태어나자마자 누군가 만든 교육의 틀에 갇혀 청춘의 시간이 끝날 때까지 비슷한 것을 머리에 입력하며 살아요. 게다가 주어진 것을 누가 더 잘 입력했는지 평가하기 위해 만든 시험에서 받은 점수와 등수를 자신을 지키는 유일한 무기로 갖고 살게 되죠.

원하는 대학에 입학한다고, 좋은 직장에 입사한다고 그 삶이 끝나는 건 아닙니다. 각종 시험과 평가를 경험하며 죽는 날까지 자신의 삶을 스스로 이끌지 못하고 끌려가게 되죠. 만약 제가 대학의 교수가 된다면, 나중 일은 생각하지 않고 첫 수업에서 이렇게 말하고 싶어요.

"앞으로 한 학기 동안 출석을 하지 않아도 괜찮아요. 다만 집에 돌아가서 뭐라도 스스로 시작하면 좋겠습니다. 나무를 심거나 멍하니 하늘만 보다가 와도 괜찮아요. 하지만 이것은 분명합니다. 학과 공부는 쳐다볼 생각도 하지 말아야 한다는 것!"

상상에서나 가능한 일이겠죠. 그럼에도 제가 굳이 이런 이야기를 들려준 이유는 뭘까요? 수준 높은 생각을 하기 위해서는 혼자 있는 시간이 필요하기 때문입니다. 시간은 살아 있는 모두에게 공평하게 주어집니다. 하지만 세상에는 자기 시간을 더 잘 사용하는 사람이 있죠. 그들은 바로 자신을 관찰하며 깨닫는 데 시간을 쏟는 사람들입니다. 지금 우리에게는 혼자 머물며 마음껏 하고 싶은 생각을 하는 시간이 필요합니다. 자신에 대해 깊이 생각한 적이 없는 사람이 어떻게 꿈과 희망, 인생에 대해서 답할 수 있을까요? 온전한 자신을 찾지 못하고 내내 방황만 하며 사는 것이 오히려 너무나 당연한 수순입니다.

+ + +

세상에서 가장 강한 사람은

몸집이 크거나

지위가 높은 사람이 아니라

조용한 곳에 앉아 가장 오래

'혼자를 견딜 힘'을 가진 사람입니다.

그는 자신과 세상에 대해 아주 진지하게

생각한 경험이 있는 사람이기 때문입니다.

자신의 장점을 알아야 하는
의외의 이유

한 번도 해보지 않은 일을 성취하기 위해서는
한 번도 되어본 적이 없는 사람이 되어야 한다.

– 레스 브라운(Les Brown)

저는 진지하게 생각하는 시간을 좋아합니다. 진짜 나로 사는 기분이 들어서 그렇죠. 세상은 장난기 어린 눈으로 "뭐가 그렇게 진지해?"라고 묻지만, 우리에게는 때로 누구보다 진지하게 무언가를 생각할 시간이 필요하죠. 깊게 사색한 시간만이 자신을 제대로 알 기회를 우리에게 허락해 주기 때문입니다.

"너 자신을 알라."

많은 사람이 소크라테스의 이 말을 자신의 부족함을 인정하라는 의미로 해석합니다. 하지만 무언가를 진지하게 고민해 본 사람은 이면에 숨은 "너의 장점을 발견하라"라는 글자를 발견하고, 이렇게 멋지게 해석해서 하나로 연결합니다.

"진정 배움을 추구하려면 자신이 여전히 모른다는 사실을 알아야 한다. 그러나 반드시 하나가 더 필요하다. 자신의 장점을 아는 것이다. 장점을 아는 사람만이 자신에게 무엇이 부족한지 알 수 있기 때문이다."

어떤가요? 정말 생각도 하지 못했던 이야기죠. 그래서 우리에게는 일상에서 진지하게 생각하는 시간이 필요합니다. 진지한 마음과 눈은 그간 쉽게 지나친 일상에서 색다른 영감을 발견할 수 있게 돕고, 누군가 만든 틀에서 벗어나 자기 삶을 살게 돕기 때문입니다.

+ + +

나를 가둔 오래된 틀에서 벗어나

진지하게 나 자신을 생각하며

기분 좋은 사색에 잠겨보세요.

그래야 모른다는 사실을 깨닫고,

영원히 배움을 추구할 수 있으니까요.

긍정적인 글을 써야 하는
수학적인 이유

길을 가다가 돌이 나타나면
약자는 그것을 걸림돌이라고 말하고,
강자는 그것을 디딤돌이라고 말한다.

– 토마스 칼라일(Thomas Carlyle)

긍정적인 마음과 생각이 중요하다는 사실은 이미 알고 있지만, 그게 대체 수학적인 이유와 무슨 상관이 있는지 궁금하시죠?

자, 이런 상상을 한번 해볼까요. 지금 매우 심각한 사건이 하나 터졌습니다. 이제 사람들은 각자 자신의 생각을 담은 글을 써서 업로드를 할 것입니다. 이때 만약 100개의 글이 올라온다면 90개는 비난이나 조롱의 마음이 담긴 부정적인 글이고, 나머지 10개는 그 안에서 희망을 찾아서 쓴 긍정적인 글일 겁니다. 이게 바로 이 글의 핵심입니다. 90 대 10의 법칙은 거의 모든 분야의 글에서 나타납니다.

부정적인 글이 나쁘다는 것이 아닙니다. 사람들의 생각은 다양하고, 분명 그런 글이 필요할 때도 있으니까요. 하지만 비율로 이미 봤듯이 부정적인 글은 '경쟁이 치열한 시장'입니다. 보통의 글쓰기 실력으로는 부정적인 글의 시장에서 얼굴도 내밀 수 없어요. 아주아주 글을 잘 써야 수면 위로 간신히 올라갈 수 있죠.

하지만 긍정적인 글의 시장은 경쟁이 거의 없습니다. 그래서 일단 쓰기만 하면, 100명 중에 아무리 못해도 10등은 할 수 있어요. 세상에 100명 중 10등에서 시작할 수 있는 곳이 또 어디에 있겠어요?

이제 답은 나왔습니다. 어떤 곳에서든 좋은 생각을 하고, 거기에 좋은 생각을 담아서 글로 쓰세요. 그럼 여러분의 생각하는 수준도 높일 수 있고 동시에 정성을 다해 쓴 글 모두가 여러분의 하루를 빛낼 겁니다.

+ + +

비난과 조롱이 가득한 곳에서 벗어나

아무도 찾지 않는

가장 아름다운 곳을 바라보겠습니다.

그리고 그 공간에서 머물며

내가 느낀 마음을 글로 쓰겠습니다.

쓰는 나날이 성장의 나날이 될 수 있도록.

다 이유가 있을 거라는 생각으로
산책을 해봐요

여러분도 아마 길을 걷다가 이런 경험을 자주 해봤을 겁니다. 그건 바로, 좁은 길에서 어깨를 치며 지나가는 사람들과 만나는 경험입니다. 문제는 충분히 지나갈 수 있는 넓은 길에서도 무지막지한 어깨로 사람들을 툭 치고 지나가며 걷는 사람들이 있다는 사실입니다. 대체 왜 그럴까요? 그럴 때면 마음속에서 자꾸 화가 올라오죠. 그들은 마치 오늘만 사는 사람처럼 마음대로 소리치며, 주변을 배려하지 않고, 하고 싶은 대로 행동하죠.

거칠고, 무례하고, 필요 이상으로 공격적으로 사는 사람을 볼 때면, 저는 오히려 이런 생각을 하게 됩니다.

"대체 어떤 인생을 살았으면 이럴까?"

"거칠게 살지 않으면 살아남을 수 없는 환경이었겠지?"

"사실 그들은 위로가 필요한 가여운 사람들이야."

이게 바로 제가 길을 걸으며 사색하는 방법입니다. 단

순히 무시하거나 비난하지 않고, "다 이유가 있을 거야"라고 생각하며 걷는 거죠. 그렇게 저는 그 사람을 한동안 마음에 담고, 수많은 질문으로 내면의 활기를 깨웁니다. 그렇게 하나의 세계를 마음에 담는 거죠.

+ + +

모두에게는 다 이유가 있습니다.
그런 관점으로 바라보면
다른 한 세계를 이해하게 되죠.
나는 빠르게 평가하지 않고
이해할 때까지 생각을 거듭합니다.

진실과 거짓을 구분할 수 있어야
언어 수준이 높아집니다

거짓말쟁이에게 주어진 최대의 벌은
그가 진실을 말했을 때에도
사람들이 믿지 않는 것이다.

– 탈무드

"매 학기마다 평균 5점씩 올려드립니다."

학원이나 문제집 같은 곳에서 이런 문구를 본 적 있나요? 물론 5점을 올리는 게 쉬운 일은 아닙니다만 이런 방식의 접근이나 홍보라면 그나마 믿을 수 있죠. 문제는 다음과 같은 허무맹랑한 약속을 하는 사람들에게 있습니다.

"5등급에서 1등급으로 3개월이면 충분합니다."

다시 말하지만 매 학기마다 평균을 5점 올리는 것도 사실 도달하기 쉬운 결과가 아닙니다. 하지만 그걸 뛰어넘어 세 달만에 5등급을 1등급으로 올릴 수 있다고 약속하는 것은, 보통의 경우 거짓을 믿게 하려는 수단에 불과합니다. 언어 감각이 뛰어난 사람이라면, 이 이야기를 접하자마자 "아무러도 이건 좀 이상해. 다른 학원으로 가야겠어"라고 생각하게 됩니다.

그런데 왜 여전히 우리는 진실과 거짓을 제대로 구분하지 못해서 자꾸 속아 넘어가게 되는 걸까요? 거짓에 가깝고 진실에서 먼 일상을 보내는 이유는, 결국 경쟁에서 빠르게 그것도 엄청난 격차로 이기려는 욕망에서 나옵니다. 우리 자신에게 헛된 욕망이 있어서 그런 거짓의 유혹에 자꾸 넘어가는 거죠.

언제나 헛된 욕망을 갖고 있는 사람들을 속이는 건 돈이 되고, 돈이 되는 일을 하려면 허무맹랑한 이야기를 말이 되게 만들어야 합니다. 잠깐 설명을 들어보면 말이 되는 것처럼 느껴지는 이유가 거기에 있어요. 이때 진실과 거짓을 구분하며 동시에 우리의 언어 수준을 높일 수 있는 세 가지 질문이 있습니다.

1 이건 합당한 것인가?
2 내 욕망은 올바른 것인가?
3 내가 헛된 것을 바라보고 있는 건 아닌가?

위의 세 가지 질문을 스스로에게 던지면서 우리는 진실과 거짓을 하나하나 구분할 수 있게 됩니다. 그 과정에서 자신에 대해서 잘 알게 되고, 주로 사용하는 언어를 분석하고 탐구하면서 스스로의 언어 수준을 높일 수 있죠.

+ + +

자신을 진실하게 대하는 사람은

거짓에 속지 않을 수 있습니다.

나는 헛된 것을 추구하지 않습니다.

매일의 노력과 의지로

내가 바라는 목표를 이룰 것입니다.

7장

결국 태도가
나의 모든 것을 결정합니다

아무리 대단한 일을 하더라도 시간이 부족한 경우는 거의 없습니다. 바쁘다는 말도 마찬가지예요. 대부분은 시간이 없어서가 아니라 하려는 마음이 부족해서 실패하고 맙니다. 이건 매우 중요한 사실입니다. 시간은 하려는 마음을 만들 수 없지만, 하려는 마음은 시간을 만들 수 있어요. 쓸데없이 소모하는 시간을 최대한 줄이면 그게 시간을 만드는 일이기 때문입니다. 그래서 마음이 충만한 사람들에게는 언제나 시간도 충분하지만, 마음이 부족한 사람에게는 늘 시간이 부족합니다. 이게 바로 좋은 태도를 가져야 하는 이유입니다. 삶을 대하는 태도를 바꾸면 모든 것이 내게 좋은 방향으로 흐릅니다.

SNS에서 댓글로 싸우면
나만 손해인 이유

온라인에서 댓글로 말다툼이 일어나는 이유는 뭘까요? 진실을 알려주려는 고귀한 마음, 혹은 상대를 진정으로 위하는 소중한 마음이 있어서일까요? 그럴 가능성은 매우 낮습니다. 실제로 만난 적도 없거나, 누군지도 모르는 사람일 경우가 많으니까요. 온갖 이유가 있겠지만, 하나로 압축하면 이렇습니다.

"서로의 의견이 달라서가 아니라,

누구도 자기 뜻을 굽히지 않기 때문이다."

그래서 그들이 남긴 댓글을 살펴보면 저절로 이런 생각이 들어요.

1 뭔 악플을 이렇게 정성스럽게 남기나.

2 월급이라도 받는 건가? 아니면 시간이 많나?

3   다른 생각을 아예 인정하지 않는구나.

4   처음부터 이해할 생각이 없는 사람이네.

5   언성을 높이기만 하지, 정작 내용은 없네.

그들과 싸우려면 나도 그들처럼 위에 나열한 다섯 가지 사항을 실천해야 합니다. 수준이 맞아야 말다툼도 할 수 있으니까요. 하지만 다섯 가지 사항을 읽어보면 그럴 필요가 없다는 사실을 금방 깨닫게 될 것입니다. 굳이 자청해서 내 수준을 낮출 필요는 없죠.

SNS에서 댓글로 싸우는 사람들은 경청이 뭔지 모르는 사람입니다. 경청을 알지 못하기 때문에 타인의 호감을 얻기 위해 무엇을 해야 하며, 왜 그래야 하는지도 알 수가 없어요. 한마디로 관계를 제대로 이끌거나 유지할 능력이 아예 없는 사람들입니다. 그러니 그런 상황에 얽혔을 때는 굳이 상대에게 무언가를 설명하거나 변화시키려고 하지 말고 "그렇군요, 당신 말이 맞습니다"라고 답한 후 서둘러 자리를 벗어나는 게 좋습니다.

온라인 공간에서 누군가와

좋은 마음을 나눈다는 건 참 위대한 일입니다.

그건 이해심과 상대를 배려하는 태도가

내 안에 존재한다는 증거이기 때문이죠.

나는 댓글로 늘 좋은 마음을 전합니다.

좋은 선물을 준다는 생각으로 소통하면

내 수준까지 높아집니다.

130권의 책을 낸
단 하나의 비법

현명한 사람은 자기를 찾아오는 기회보다
더 많은 기회를 스스로 만든다.

– 프랜시스 베이컨(Francis Bacon)

저는 매일 직접 운영하는 각종 SNS에 세 개 이상의 글을 써서 올립니다. 이렇게 매일 세 개의 글을 21일 동안 꾸준히 쓰면, 책 한 권을 낼 수 있는 분량의 원고가 모입니다. 누구나 3주만 매일 일정하게 글을 쓰면 한 권 분량의 원고를 쓸 수 있죠.

다만, 이게 끝이 아닙니다. 만약 이 단계에서 바로 책을 낼 출판사를 구한다면 그건 매우 어려운 일이 될 가능성이 높아요. 책이 될 수준의 문턱만 간신히 넘은 원고라서 그렇습니다. 운이 좋아 책으로 나온다고 해도 독자의 좋은 반응을 기대하기 힘들죠. 그런데 많은 사람이 여기에서 멈추고 억지로 책을 내려고 해요. 당연히 과정도 힘들고, 좋은 결과도 기대할 수 없죠.

그래서 저는 다른 방법을 찾아냈어요. 간단해요. 3주 동안 쓴 글을 책으로 내는 게 아니라, 그렇게 보낸 365일 내내 쓴 원고를 모아서 압축한 후 한 권의 책으로 만드는 거죠. 더 분명하게 말하자면, 365일 동안 쓴 2만 장(책 22권 분량)이 넘는 원고를 800장으로 압축하는 것입니다. 그럼 책을 낼 출판사를 구하기 아주 쉬워져요. 아니, 이제 반대로 제가 출판사를 선택할 수 있는 수준에 도달하죠. 이건 매우 놀랍고도 중요한 가르침입니다. 그렇게 저는 스스로의 노력으로 가치를 증명했습니다. 이제는 글에 농밀한 지성을 녹여낼 수 있게 되어서, 매년 열 권 이상의 책을 내는 작가가 되었죠. 이건 누구나 시작하면 만날 수 있는 자기 삶의 기적입니다.

+++

재능이나 명성은 중요하지 않습니다.
누구든 자신이 노력해서 나온 결과로
자신의 가치를 증명해야 합니다.
나는 노력이라는 나의 재능을 믿습니다.

E=MC²
B
A
H2O
CO2
a²

뛰어난 창조는
긍정의 반복으로 이루어져요

인내와 고집의 차이는
하나는 강한 의지에서 나오고
다른 하나는 강한 부정에서 나온다는 것이다.

-헨리 워드 비처(Henry Ward Beecher)

인문학적인 삶의 가장 큰 힘 중 하나는 일상의 반복에 있어요. 그 일상에 창조라는 키워드가 녹아 있다면 매일 근사한 일상을 보내게 되고, 나태와 자만이 녹아 있다면 타인이 만든 창조의 세계에서 "이거 나도 생각했던 건데"라는 식의 변명이나 비난만 하며 살게 됩니다. 하루를 바라보는 태도가 곧 내가 만날 내일을 결정하게 되는 거죠. 그렇게 일상을 창조로 채우는 사람과 변명과 비난으로 채우는 사람은 서로 너무나 다른 삶을 살게 됩니다.

그 삶의 차이는 이렇게 설명할 수 있습니다. 제가 만약 각종 SNS에 '언어가 인간의 삶에 미치는 영향'이라는 주제로 글을 썼다고 가정해 봐요. 창조적인 일상을 보내는 사람들은 바로 "아, 그런 시각도 있군요. 좋습니다. 생각을 깨우는 글이네요. 저도 하나 써야겠습니다"라고 말하곤 자신의 생각을 간단하게 작성해 제가 쓴 글을 공유합니다. 더욱 중요한 건, 일주일 안에 정말로 자신의 생각이 선명하게 녹아 있는 멋진 글 하나를 완성한다는 사실입니다.

반대로 변명이나 비난만 하며 사는 사람들은 같은 글을 읽어도 스스로 변화를 일으키지 못하고 엉뚱한 댓글을 남기죠. "언어만 그럴까요? 환경도 중요하죠", "그렇게 단정할 수 없죠. 인생 모르는 겁니다. 살아보니 그럽디다", "언어보다는 철학이 중요합니다. 철학을 배우세요"처럼 제가 글을 쓴 이유와는 전혀 다른 주제로 댓글을 씁니다.

누구나 치열하게 자신의 하루를 살고 있습니다. 다만 누군가는 치열하게 부정적으로 살고, 다른 누군가는 치열하게 긍정적으로 살아서 가장 이상적인 모습으로 성장하죠.

+ + +

부정적인 태도는

어리석은 사람들이 선택하는

가장 낮은 수준의 반응입니다.

나는 긍정적인 태도로

좀 더 나은 하루를 만들겠습니다.

질문의 수준이
곧 인생의 수준입니다

뛰어난 창조가나 예술가를 만나 "당신의 경쟁력이 어디에 있다고 생각하시나요?"라고 물으면 과연 어떤 답이 나올까요? 대부분의 사람들은 그들이 타고난 재능의 소유자라서 어떤 공부나 노력도 없이 그 자리에 올라갔다고 생각합니다. 하지만 현실은 정말 많이 달라요. 그들은 최고의 자리어 있는 지금도 여전히 매일 자신에게 이런 질문을 던지고 있죠.

1   어떻게 하면 더 잘할 수 있을까?

2   다르게 하려면 어떻게 해야 할까?

3   나의 가치를 제대로 전하려면 어떻게 해야 하지?

공통적으로 나오는 표현이 하나 있죠. 맞아요, 그들은 여전히 매우 치열하게 '어떻게'를 자신에게 묻고 있습니다. 질문의 수준이 곧 인생의 수준이며, 질문을 통해서 더 나은 답을 찾을 수 있다는 사실을 지난 경험으로 이미 알고 있기 때문입니다.

아마 여러분에게도 풀리지 않는 문제가 참 많이 있을 겁니다. 그럴 때는 위에 소개한 세 가지 질문을 자신에게 던지며 더 나은 방법을 찾아보는 시간을 갖는 것도 좋습니다.

+++

세상을 깨운 모든 창의성은

자신을 깨운 질문에서 나옵니다.

복잡한 문제나 일이 있을 땐

조금 일찍 일어나서 좀 더 생각하면

가장 멋진 해결책을 찾을 수 있습니다.

진짜 자유는
나의 삶을 운전할 자유에 있어요

사람을 가장 불편하게 만들고
불행으로 이끄는 유혹은
'남들도 그렇게 하니까'라는 말이다.

– 레프 톨스토이(Leo Tolstoy)

저는 운전을 좋아하지 않아요. 그래서 강의가 있는 날이면 늘 대중교통과 걷기로 어떻게 시간 안에 도착할 수 있을지 검색하며 연구를 하기도 해요. 그렇게 제가 갈 길을 관찰하고 들여다보며 기쁨을 즐기죠. 어떤 날에는 한국의 대중교통이 생각만큼 발달하지 못했다는 사실도 깨닫게 됩니다. 하루에 세 번 다니는 버스를 놓치면 도저히 갈 수 없는 곳도, 자동차를 몰고 가면 30분 만에 도착할 곳을 버스와 지하철, 마을버스까지 타며 세 시간이나 가야 하는 상황도 경험하게 되기 때문이죠. 하지만 그럼에도 저는 운전을 거의 하지 않습니다. 이유는 두 가지입니다.

가장 큰 이유는 사색을 할 수 없다는 사실입니다. 운전을 하다 보면 앞과 옆만 봐야 해요. 도저히 하나의 생각을 머리에 넣고 입체적인 사색을 할 수가 없죠. 게다가 운전 중에는 누군가 함부로 끼어들고, 크게 경적을 울리는 등

원치 않는 상황에 놓이게 되고, 도착할 무렵에는 괜히 혼자 분느한 자신을 만나게 되죠.

또 하나는, 일만 하면서 살게 된다는 것입니다. 빠르게 그리고 쉽게 움직일 수 있게 되면서 우리의 삶은 더 좋아졌을까요? 손으로 편지를 써서 우표를 붙이고 우체국에 가는 수고를 덜어서 우리는 지금 여유롭게 살고 있나요? 전혀 아닙니다. 우리는 지금 이 순간에도 다양한 이유로 이메일을 쓰고 메시지를 보내고 있어요. 과정은 간단해졌지만 횟수가 급격하게 늘어서 오히려 더 많은 시간을 일에 빼앗기고 있죠.

과학이 발달하면서 오히려 인간은 더욱 바빠졌어요. 운전도 마찬가지죠. 운전을 하지 않으면 하루 세 개 정도의 강의가 제가 할 수 있는 최대 횟수이지만, 오히려 운전을 하면서 하루에 다섯 개 이상의 강의를 소화할 수 있게 되었습니다. 그래서 저는 세상이 말하는 운전을 하지 않고, 대신 나 자신의 삶을 운전할 자유를 스스로에게 선물해 주었습니다.

자유로운 삶을 위해 우리에게 필요한 건

일만 하면서 보내는 시간이 아니라,

치열하게 자신을 관찰하며 깊어지는 시간입니다.

진짜 자유는 스스로 선택하고

결정하는 일상에 있습니다.

가장 멋진 인생은
오늘의 내가 결정해요

행복이란 우리 집 화롯가에서 성장한다.
남의 집 뜰에서 따와서는 안 된다.

– 제롤드 먼디스(Mundis, Jerrold J.)

저는 이 말을 참 좋아해요.

"나의 일상이 내가 살 인생을 결정한다."

오랜만에 만난 친구의 변한 모습에 깜짝 놀랄 때가 있어요. 단순하게 외모만 변한 게 아니라 그 사람의 느낌, 목소리 등 모든 게 달라졌기 때문입니다. 왜 그럴까요? 그 친구가 보낸 하루하루가 달랐기 때문입니다. '힘들어 죽겠다'라는 말을 습관처럼 자주 하면서 살면, 실제로 눈동자도 흐려지고 진짜 인생이 힘들어집니다. 따라서 좀 더 희망이 가득한 내일을 만나고 싶다면, 지금 자신에게 이렇게 질문해야 합니다.

1   나는 지금 어떻게 살고 있는가?

2   내가 사는 하루는 만족스러운가?

3   내가 만나고 싶은 미래와 닮은 하루를 살고 있나?

물론 되는 대로 그냥 살아도 괜찮아요. 당장은 큰 변화를 느낄 수 없으니까요. 세상은 당장 벌을 주지 않습니다. 하지만 시간은 잘못을 용서하지 않죠. 자주 생각하는 삶의 목적이 나의 일상을, 자주 말하는 단어와 표현이 나의 목소리를, 자주 접하는 사람과 풍경이 나의 전체적인 느낌을 결정합니다.

+ + +

생각하는 것과 말하는 것,

만나는 사람을 바꾸면

나의 미래를 멋지게 만들 수 있습니다.

나는 내게 좋은 것만 선물합니다.

인간은 자기 수준에
맞는 인간만 알아본다

자신의 무게를 견뎌내는 선박이라면
어떠한 대양이라도 헤쳐갈 수 있다.

– 생텍쥐페리(Saint Exuper)

주위를 보면 언제나 참 이상하게도, 고만고만한 친구들이 자주 다투죠. 그럴 땐 절로 이런 생각이 듭니다.

"도토리 키 재고 있네."

우리는 자신의 수준에서 벗어난 것들을 보기 힘듭니다. 그래서 늘 비슷비슷한 사람들이 다투고, 그 세계 안에서 다른 것들의 존재를 발견하지 못하죠. 유럽에는 이런 속담이 있어요.

"시종에게는 어떤 영웅도 존재하지 않는다."

어떤 말이라고 생각하세요? 그래요, 영웅은 영웅끼리만 서로 알아볼 수 있다는 말입니다. 그래서 시종은 언제나 자신의 눈에 잘 보이는 같은 시종과 싸우고 다투며 일생을 보내죠. 도토리 키 재고 있다는 말이 나온 이유가 바로 여기에 있습니다.

"나는 언제 자주 싸우는가?"

"내게는 어떤 일이 자주 일어나는가?"

이런 질문을 던져보면 나의 수준이 어느 정도인지 확인할 수 있습니다. 같은 하루를 보내지만 성장의 속도와 수준이 다른 이유가 바로 여기에 있어요. 시종은 자신과 같은 시종의 단점을 평가하며 스스로를 더욱 괴롭게 만들지만, 영웅은 다른 영웅의 장점을 발견해 자기 것으로 만듭니다. 그래서 시간이 갈수록 시종은 더욱 시종답게 살고, 영웅은 더욱 영웅의 면모를 갖추게 되죠.

+ + +

나는 지금 누구와 하루를 보내고 있나요?

주변에 위대한 인물이 없다고 한탄하지 마세요.

시종의 눈에는 영웅이 보이지 않습니다.

내가 나아져야 영웅을 만날 수 있습니다.

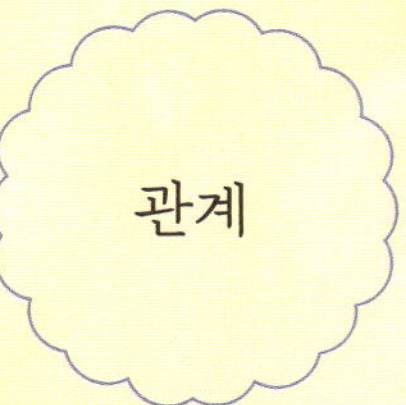

8장

관계

혼자 당당하게 설 수 있어야
함께 행복할 수 있습니다

사람의 마음은 정말 다 달라서 관계는 언제나 참 힘든 문제입니다. 주변을 보면 기본적인 예절이나 매너라서 지키는 게 당연하지만, 늘 자꾸만 추가 설명을 요구하는 사람들이 있죠. 그런 상황에서 "자세하게 설명을 해줘야 알지"라고 말하는 사람들은 대부분 아무리 자세하게 설명을 해줘도 알아듣지 못합니다. 관계에서 일어나는 대부분의 다툼이나 불화는 설명이 부족해서 일어나는 게 아니라 이해할 수준이 되어 있지 않아서 발생하기 때문입니다. 그러니 자책하지 말고, 아까운 시간을 쓸데없이 소모하지도 마세요. 기본적인 예절과 매너에 대한 이해도가 있는 사람과 만나야 대화도 통하는 법입니다. 그래서 모든 친구와 다 잘 지낼 수는 없죠. 누군가와 항상 좋은 관계를 유지해야 한다는 강박을 버리면 마음이 조금은 편해집니다. 지금의 친한 사이가 계속된다는 보장도 없고, 그래야 할 이유도 없으니까요. 관계의 법칙에서 언제나 통하는 이 사실을 기억해 두시면 좋습니다. "얕은 자는 언제나 시끄럽지만, 깊은 자는 조용합니다."

모든 관계에는
나름의 무게가 있어요

　우리는 일상에서 다양한 관계를 맺고 살아갑니다. 인간 관계에서 지혜롭게 대처하려면 '무게'를 잘 측정할 수 있어야 해요. 모든 사물에 각각의 무게가 있는 것처럼 모든 관계에도 나름의 무게가 있기 때문입니다.

1　　내가 평생 사랑해야 할 사람들

2　　좋은 마음을 나누는 고마운 사람들

3　　서로 잘 모르는 스쳐가는 사람들

　이 모든 관계가 같은 무게일 수는 없어요. 가장 소중하게 생각하고 마음에 담아야 할 사람이 누구일까요? 네, 맞아요. 1번과 2번에 속한 사람들이겠죠. 사람의 마음을 무게로 측정해서 나눈다는 것이 조금은 삭막하게 느껴질 수도 있어요. 그럴 때는 이렇게 생각해 보세요. '좋은 사람에게 내 소중한 시간을 더 주려면, 내게 무해한 사람과 아닌 사람을

정확하게 구분해야지.' 사랑하고 고마운 사람을 더 자주 생
각하고 마음에 담아야 해요. 그게 아름다운 선택입니다.

+ + +

나를 사랑하는 사람들의 조언은

소중하게 마음에 담지만

스쳐가는 사람들의 비난과 나쁜 말들은

바람처럼 여기겠습니다.

그것들은 담을 가치가 없으니까요.

마음속에 여유가 있어야
사랑을 주고받을 수 있어요

우리가 여행을 하는 이유는
도착하기 위해서가 아니라
여행을 하기 위해서다.

– 요한 볼프강 폰 괴테(Johann Wolfgang von Goethe)

하루는 출판사 담당자에게 이런 이메일을 받았습니다.

"작가님, 자료 잘 전달받았습니다. 빠르게 챙겨주셔서 감사합니다! 바쁘신 와중에도 늘 친절하신 음성에 힐링이 됩니다."

저는 착한 사람은 아니지만, 주변에 늘 같은 모습을 보여주기 위해 노력합니다. 맞아요, 이건 노력이 필요한 일입니다. 그냥 되는 게 아니죠. 좋은 것은 반드시 노력을 해야 주고받을 수 있어요. 스스로 노력해서 감정을 조절하지 못하면, 누구나 일상에 지쳐 속에 없는 못된 말과 행동으로 소중한 사람의 마음에 못질을 하게 됩니다. 그런 아팠던 경험이 많이 있을 겁니다.

돈이 아무리 많아도 쓸 시간이 없다면, 그건 나의 것이 아닙니다. 돈은 쓰는 자가 주인이기 때문이죠. 행복도, 희망도 마찬가지입니다. 아무리 그것을 자기 안에 가득 채운 사람이라도 주변에 나눌 여유가 없다면 자신의 것이 아니죠. 돈도, 행복도 그것을 나누는 사람이 주인입니다.

친구나 부모님 등 소중한 사람들을 사랑할 수 있는 마음의 여유를 늘 남겨두세요. 너무 바쁜 일상은 그 사람 고유의 좋은 성향도 나쁘게 바꾸죠. 그래서 좋은 태도와 마음을 유지하는 비결은 적당히 바쁜 나날을 위한 자기 절제에 있어요. 하루 안에 쉴 시간과 여유를 둬야 귀한 가치를 세상과 나눌 수 있습니다.

+ + +

너무 빡빡하게 사는 건 좋지 않아요.

소중한 사람들에게 좋은 마음을 줄 수 없으니까요.

마음속에 여유가 있어야

좋은 것을 나누며 살 수 있습니다.

사랑은 사랑하는 사람에게만
배울 수 있어요

사랑하는 마음과 누군가를 껴안을 팔이 있다면
누구에게나 이 세상은 충분히 멋지다.

– 루시 몽고메리(Lucy Maud Montgomery)

사랑하는 사람에게만 사랑을 배울 수 있는 이유가 뭘까요? 공부와 깨달음의 원리는 같아요. 믿고 의지하고, 가장 자주 생각하는 사람에게 배우는 거죠. 하지만 어떤 사람은 매우 어리석게도 사랑하는 사람을 마음에 두지 않고 엉뚱한 이들을 마음속에 둡니다. 그 엉뚱한 사람들은 바로 '내가 미워하는 사람'들이죠. 자신에게 피해를 준 그들을 미워하고, 비난하고, 저주하며 일상을 보냅니다. 결국 사랑하는 사람이 아닌, 미워하는 사람만 원망하다가 인생을 끝내는 것입니다. 그럼 누가 손해일까요?

누군가 미운 사람이 있다면, 그래서 그들에게 복수를 하고 싶다면, 제가 추천하는 가장 좋은 방법은 마음속에서 그들의 존재를 지우는 것입니다. 그들을 더는 생각하지 마세요. 비난하지도 말고 원망하지도 말고 용서하겠다는 생각도 하지 마세요. 대신 엄마 아빠처럼 나를 무작정 사랑하는 사람들을 마음에 가득 채우세요. 우리의 인생이 노력한 만큼 결과가 나오지 않는 이유는, 아무리 배워도 실력이 늘지 않는 이유는, 마음에 담은 사람이 사랑이 아닌 미움의 대상이기 때문입니다. 미워할 방법만 배우고 있는데 어떻게 인생이 나아질 수가 있을까요?

세상에는 많은 사람의 사랑을 받는 사람이 있고, 괜히 미움을 사는 사람도 있어요. 같은 말을 해도 사랑스럽게 하는 사람이 있고, 말과 행동 하나에서도 배려와 호감이 넘치는 사람이 있죠. 이때 자신이 먼저 사랑스러운 사람이 되는 게 중요합니다. 그러기 위해서는 의식적으로 그런 사람들과 자주 만나며 사랑을 자기 안에 담는 노력이 필요하죠. 그 정성과 노력이 결국 자신에게 돌아와 깨달음이 가득한 인생이 만들어집니다.

+ + +

우리는 사랑하는 사람에게서만 배울 수 있습니다.
지금 치열하게 배우는 사람은

누군가를 뜨겁게 사랑하는 사람입니다.

공부와 깨달음은 사랑에서 시작합니다.

'이렇게 말하는 게
실례인 건 알고 있는데'라는 나쁜 말

동물만큼 기분 좋은 친구는 없다.
그들은 질문은 물론 비판도 하지 않는다.

- 조지 엘리어트(G. Eliot)

가끔 이렇게 말하는 사람을 볼 수 있습니다.

1   이런 말이 실례인 건 알고 있지만…
2   내가 이 말은 안 하려고 했는데…
3   듣기 싫은 말인 건 알지만…

이렇게 시작하는 말을 들었을 때, 기분이 어땠나요? 매우 나빴을 가능성이 큽니다. 이유는 간단해요. 실례인지 알고 있다면, 안 하려던 말이었다면, 끝까지 하지 말았어야 할 나쁜 말이었기 때문입니다.

말을 조금만 들여다봐도 그들의 속마음을 알 수 있습니다. "이렇게 말하는 게 실례인 건 알고 있는데…"라는 말은 '실례인지 알지만 너무너무 하고 싶어서 참을 수가 없다'라는 못된 마음을 증명합니다. 마찬가지로 "내가 이 말은 안 하려고 했는데…"라는 말은 '내가 이 말을 할 기회를 계속

엿보고 있었는데 지금이네!'라는 고약한 마음을 증명하죠. 모드 상대방에게 상처를 주려는 나쁜 마음에서 나온 말들이라서, 그런 말을 하는 상대를 만났을 때는 분명하게 이렇게 응수하는 게 좋습니다.

1   실례인지 아신다면 하지 말아야죠.
2   안 하려고 하셨다면 끝까지 하지 마세요.
3   내가 듣기 싫은 말은 남에게도 하지 마세요.

+ + +

좋은 사람의 말은 다릅니다.
이해와 배려가 듬뿍 담긴
마음이 따뜻해지는 말을
가장 다정한 말투로 들려줍니다.

무너지지 않는
내면의 성을 쌓는 방법

능력은 우리가 할 수 있는 것을 말하고
태도는 우리가 얼마나 잘할지를 결정한다.

- 루 홀츠(Lou Holtz)

거의 매일 자신의 SNS에 비슷한 표정의 본인 얼굴 사진만 올리던 사람이 하루는 자기 얼굴 사진과 함께 이런 내용의 글을 올렸습니다.

"왜 사람들은 내 얼굴에만 관심을 가지죠? 제 내면에도 관심을 가져주세요."

사람들이 그의 얼굴에만 관심을 가지고 내면과 지적인 부분에는 관심을 주지 않았던 이유는 뭘까요? 답은 간단해요. 그가 365일 내내 자신의 얼굴만 보여줬기 때문입니다. 우리는 모두 자신이 자주 보여준 것에 대해서만 세상의 평가를 받을 수 있어요. 보여주지 않으면 알 수가 없기 때문이죠. 이건 정말 중요한 문제입니다.

역사로도 증명이 되었지만 나라를 지키기 위해 그간 수많은 왕이 성을 쌓았습니다. 하지만 결국 승리자는 누구였을까요? 성을 가장 높이 견고하게 쌓은 왕? 아닙니다. 승리

자는 언제나 성 안에서 군사와 경제, 과학, 예술 등의 지적인 알맹이를 단단하게 다진 왕이었어요.

인간도 마찬가지입니다. 누구나 자기만의 성벽을 가지고 있어요. 하지만 어리석은 자는 성벽만 견고하게 쌓으려고 하고, 정작 소중한 내면과 지적인 부분에는 관심이 없죠. 외모라는 성벽은 결국 늙어서 오래되면 무너집니다. 하지만 지성은 오히려 세월이 흐를수록 깊어지고, 세상이 어려울수록 빛을 발하죠.

+ + +

인생은 그 사람의 수준에 따라 결정됩니다.
견고한 내면의 성을 쌓는 것이 중요한 이유죠.
나는 무너지지 않는 내면의 성을 쌓아서
나의 일상과 모든 관계를 빛나게 만들 것입니다.

열심히 공부하는 하루를
예술로 만들고 싶다면

당신을 거치는 사람은
누구나 더 나아지고 행복해져서 떠나게 하라.

– 테레사 수녀(Mother Tesesa)

언젠가 뜨거운 여름, 게다가 야외에 설치한 철판 앞에서 음식을 만드는 요리사에게 이런 질문을 했습니다.

"이 더운 날에 어쩌면 그렇게 늘 웃으며 손님을 맞이하실 수 있나요?"

그의 답은 간단했지만, 제 마음을 아주 오랫동안 울렸습니다.

"손님도 이 더운 날에 제가 만든 음식을 즐기시려고 오시는데, 제가 어떻게 웃지 않을 수 있을까요?"

그 아름다운 답변을 듣는 순간, 그가 음식을 만드는 모습이 마치 예술가의 손길처럼 느껴졌습니다. 우아하고 아름다워서 명화를 감상하듯 그를 바라보았습니다.

세상 모든 일이 그렇습니다. 나의 일이 예술이 되려면, 지금 이 순간 나를 찾아주는 사람들을 마음에 담아야 합니다. 소중한 부모님과 친구들, 그리고 나보다 더 나를 아껴주는 사람을 담아야 하죠. 더 많이 담아야 더 사랑할 수 있습니다. 그런 삶을 살기 위해서는 스스로 정한 뜻 하나를 품고 정진하는 하루를 보내야 합니다. 그래야 더 넓은 마음으로 더 많은 사랑을 담을 수 있죠. 만약 공부하는 마음속에 사랑하는 사람들을 담는다면, 배우는 모든 나날을 예술처럼 아름답고 귀한 순간으로 만들 수 있습니다. 뭐든 마음먹그 실천하는 대로 이룰 수 있죠.

+ + +

나를 사랑하는 수많은 사람이 있어서
덕분에 내 하루도 아름다워집니다.
앞으로 공부하며 배우는 하루하루도
마치 그림을 그리듯 예쁘게 완성하겠습니다.

JAM

판정을 내리는 삶이 아닌
과정을 보는 삶을 선택하세요

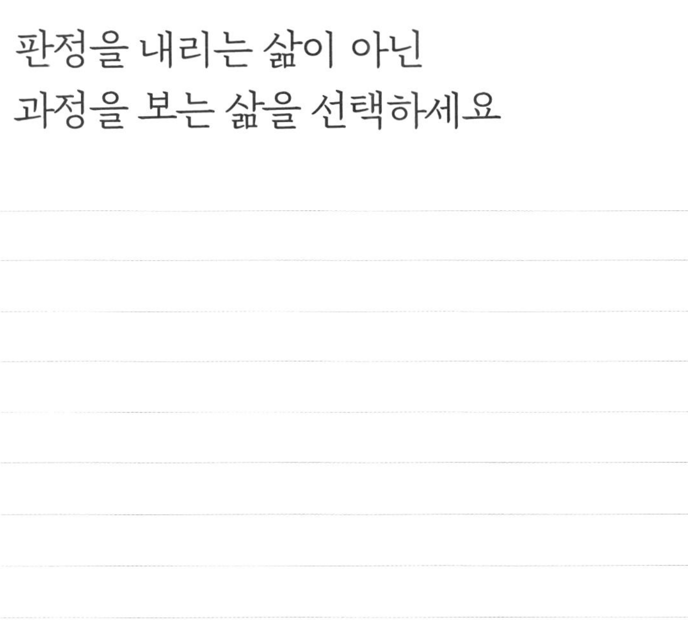

소나무에 관한 것은 소나무에게 배우고
대나무에 관한 것은 대나무에게 배워라.

– 마츠오 바쇼(Basho Matsuo)

"너는 이래서 문제야!"

"그게 말이 되냐?"

간혹 이렇게 판정을 내리듯 말하는 사람을 만나게 됩니다. 그럴 때 여러분은 어떤 생각이 드세요? 기분이 많이 나쁘죠. 내 생각과 성향, 태도와 철학을 자꾸 틀렸다고 말하니, 누구라도 기분이 나빠질 수밖에 없습니다. 맞아요, 그 마음 이해해요. 하지만 그렇다고 그게 기분 나쁜 일만은 아닙니다. 아래의 말처럼 생각하고 웃어 넘기면 되는 문제이기 때문입니다.

1   저 친구는 그렇게 생각하는구나.

2   우리는 바라보는 방향이 다르구나.

3   그렇게 판단할 수도 있겠구나.

4   시작이 다르니 결과도 다르겠구나.

5   어른들은 바라보는 관점이 다르구나.

6   입장이 다르니 생각도 다를 수밖에 없지.

7   생각이 다르니 이해하려고 노력해야겠다.

누군가 자신의 의견을 마치 정답인 것처럼 생각하고 주장하면 앞으로는 이렇게 생각하고 넘기세요. 너무 깊이 생각하거나 상대방 의견에 휘둘리게 되면 나만 기분이 나빠지니까요. 그렇게 말랑말랑하게 생각해야 다양한 사람의 생각과 의견을 기분 나쁘지 않게 들을 수 있고 왜 그렇게 생각하고 말하는지도 연구할 수 있습니다. 내 마음 건강도 지키고, 다양한 생각도 이해할 수 있게 되니 자신에게 매우 이득이죠.

+++

상대방은 그렇게 생각할 수도 있습니다.

그건 그 사람의 자유입니다.

하지만 나는 받아들이지 않으면 되죠.

그것 역시 내게 주어진 자유입니다.

너에게 들려주는 꿋꿋한 말

초판 1쇄 발행 2025년　7월 16일
초판 6쇄 발행 2026년　2월 10일

지은이 김종원
펴낸이 한보라
편집 임나리　**경영관리** 권송이　**디자인** 봄바람　**일러스트** 이로 @undefined_2jw

펴낸곳 퍼스트펭귄　**출판등록** 2023년 7월 21일 제 2024-000025호
전화 070)8866-7990
이메일 1stpenguin@1stpenguin.be
종이 (주)월드페이퍼　**출력·인쇄·후가공·제본** 한영문화사

ISBN 979-11-993492-0-9　(43190)

- 책값은 뒤표지에 있습니다.
- 파본은 구입하신 서점에서 교환해드립니다.
- 이 책은 저작권법에 의하여 보호를 받는 저작물이므로 무단 전재와 복제를 금합니다.